早稲田アカデミー 中学受験を決めたその日から

サクセス12

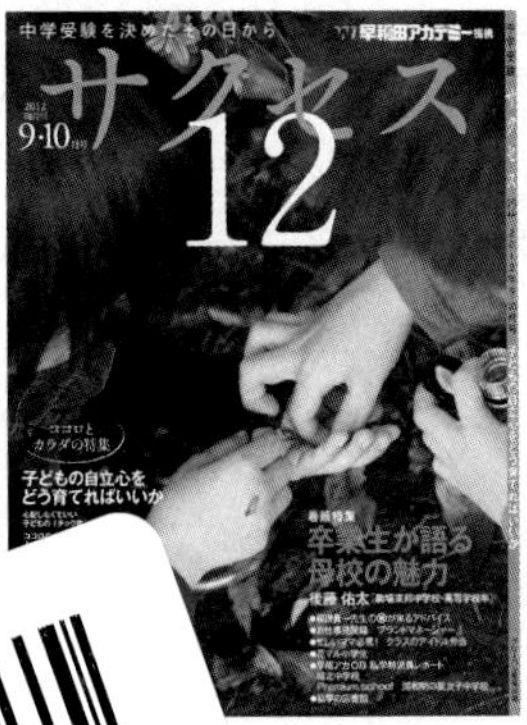

今月号の表紙

サクセスホームページ
http://success.waseda-ac.net/

CONTENTS

卒業生が語る母校の魅力

～学校行事の盛んな熱い男子校　駒場東邦～

難関大学への高い合格実績を誇る、名門駒場東邦中学校・高等学校。創立当初から６か年完全中高一貫教育を重視し、早くから少人数授業を導入するなど、効率的なカリキュラムによる教育効果の高い指導を行っています。

同校のＯＢであり、早稲田アカデミー武蔵境校出身の後藤佑太さんに、当時のことを振り返りながら、駒場東邦中学校・高等学校の魅力を存分に語ってもらいました。

後藤佑太 ごとう・ゆうた

小学生から早稲田アカデミー武蔵境校に通い始め、勉強の楽しさを知る。文化祭を見学したことがきっかけで、駒場東邦中学校を目指し、見事合格を果たす。現在は東京大学の教養学部に在籍するかたわら、早稲田アカデミーの大学入試部門※サクセス18で、アシストスタッフとして活躍中。

――受験勉強を本格的に始める前は、どんなことに興味を持っていましたか。

「三国志」が大好きでした。歴史の勉強にもなるので、楽しみながら読んでいました。個人的には、劉備の部下、趙雲が好きです。

――駒場東邦中学校を志望した理由、きっかけを教えてください。

最初は別の学校を志望していたのですが、小学校5年生の時、駒場東邦の文化祭に参加してみると、雰囲気が自分に一番合っていると感じました。すごい盛り上がり方で、感動しましたね。それ以来、駒場東邦以外は目に入らなくなり、※NNA駒場東邦クラスに合格することを第一目標に勉強しました。

体育祭や文化祭など、学校行事は生徒主体ですごく盛り上がるので、ぜひ見学に行ってみてください。本当に楽しいですよ。

――駒場東邦中学校に合格した最大の決め手は何だと思いますか。

緊張することなく、落ち着いて入試本番に臨むことができたからだと思います。毎朝5分間、算数と国語のドリルを日課にしていたのですが、当日の朝も同じように過ごせたことが良かったのではないでしょうか。

――早稲田アカデミーに通って良かったことは何ですか。

合宿に参加できたことです。それまではただ漠然と過ごしていたのですが、合宿に参加してからは、勉強に本気で取り組むことができるようになりました。

――早稲田アカデミーで一番思い出に残っていることを教えてください。

NN駒場東邦クラスの※激励会です。クラスの代表として、決意表明のスピーチをさせていただきました。どんな話をしたのか、はっきりとは覚えていませんが、一番印象深く心に残っています。

――後藤さんにとって、駒場東邦中学・高校はどんな学校ですか。

一言で言うと、「第2の家」です。自分にとって落ち着くことが出来る場所で、親友もたくさんできました。大学生になった今も、みんな仲良しです。今、中・高時代を振り返ってみても、楽しい思い出しかありません。もし生まれ変わることができたとしても、絶対に駒場東邦中学校をもう一度受験しますね。

――駒場東邦中学校を目指す生徒にアドバイスをお願いします。

基本問題で絶対にミスをしないことが大切です。ミスを減らし、確実に得点を積み重ねていくことが駒場東邦中学校の合格につながると思います。また、自信を持って入試に臨み、いつも通りの「平常心」を心がけてください。みなさんの合格を心から信じています。

※サクセス18
開成高校5年連続全国No.1、早慶附属高校12年連続全国No.1をはじめ、御三家中学などにも全国屈指の合格実績を誇る早稲田アカデミーの大学受験部門。中高一貫生も通塾することができ、後藤さんは中3から高3まで在籍していた。

※NNA、NN
早稲田アカデミーの志望校別対策コース。その中に、NNA・NN駒場東邦クラスがある。駒場東邦中学校を第一志望とする生徒が一会場に集まり、切磋琢磨しながら合格を目指す。今春、早稲田アカデミーからは37名が駒場東邦中学校合格を果たす。1学期中はNNA、2学期以降はNNと名称が変わる。

※激励会
受験直前（最終授業日に行うことが一般的）に受験生が教室に集まり、各授業担当が激励のメッセージや、試験当日の諸注意等を伝えたりする。校舎やNNのクラスによっては、代表の生徒が決意表明としてスピーチをすることもある。

駒東合格

後藤　佑太

『ついになった「駒場東邦生」』

僕は新5年から早稲田アカデミーに入った。はじめは早実志望だったのだが、駒東の文化祭で「僕の行く学校はここだ」と直感したので志望校を変えた。ここで駒東生になるための第一歩をふみ出した。

NNAが最初の壁だった。合格と同時に、NN駒東の先生方の優しいけれども厳しい指導が始まった。

NNAの成績が好調だったので油断していたら、7月頃のテストで合格したものの、ギリギリだった。

NNAも終わり、本格的なNNが始まった。苦手な社会の補習もあった。その補習の2回目で、梶先生が油断していた僕に

「がんばれよ」

の一言を言ってくださった。その一言の意味が今になってよくわかる。先生がどんなにNNのみんなの合格を望んでいたか…。

正特、直特などを全うしたからこそ合格できたのだと思う。だが、この合格は僕一人の努力ではない。まわりの方々も熱く強い力で支えて下さった。本当に感謝しています。

この気持ちを君達にも是非味わってほしい。僕らは君達を待っています。「駒東生」になって下さい!!

保護者様より

後藤　裕子

『駒東にピピッ!!』

5年生の駒東の文化祭に行った時が息子と駒東との出会いです。息子は第一印象でピピッときて駒東以外は目に入らない程、一目惚れしてしまったのでした。その上我が家は滑り止めを受けない主義でしたので、まず第一の目標はNNA合格です。一回目の試験は手応えがあまり良くなかったにも拘らず3位と健闘しました。それを皮切りにNNの試験は必ず受ける、1組を維持する事を目標にしました。運よく全て1組、1番だった事もありました。

NNは同じ目標を持った子供達で形成されている為、本人にとって刺激のある大好きなクラスでした。算数はO君が出来る等と、お友達を褒めたり分析したりして、よし次は必ず抜くぞと目標を定めていました。そうして高い意識を維持し続けていました。又、絶対、駒東生になるという熱い想いが、くじけず前に向かって進んでいける原動力になったと思います。

この2年間、親子が一体となり充実した時を過ごした事はなかったと思います。お互いが教え合い、認め合い…達成感を満喫し、揺るぎない自信がついた受験。早稲アカの先生方の熱い御指導にも感謝。私も全く悔いはなし。一回りも二回りも大きく成長した我が子に、勲章を贈りたいと思います。

合格ハンドブック（毎年早稲田アカデミーから発行される合格体験記集）より

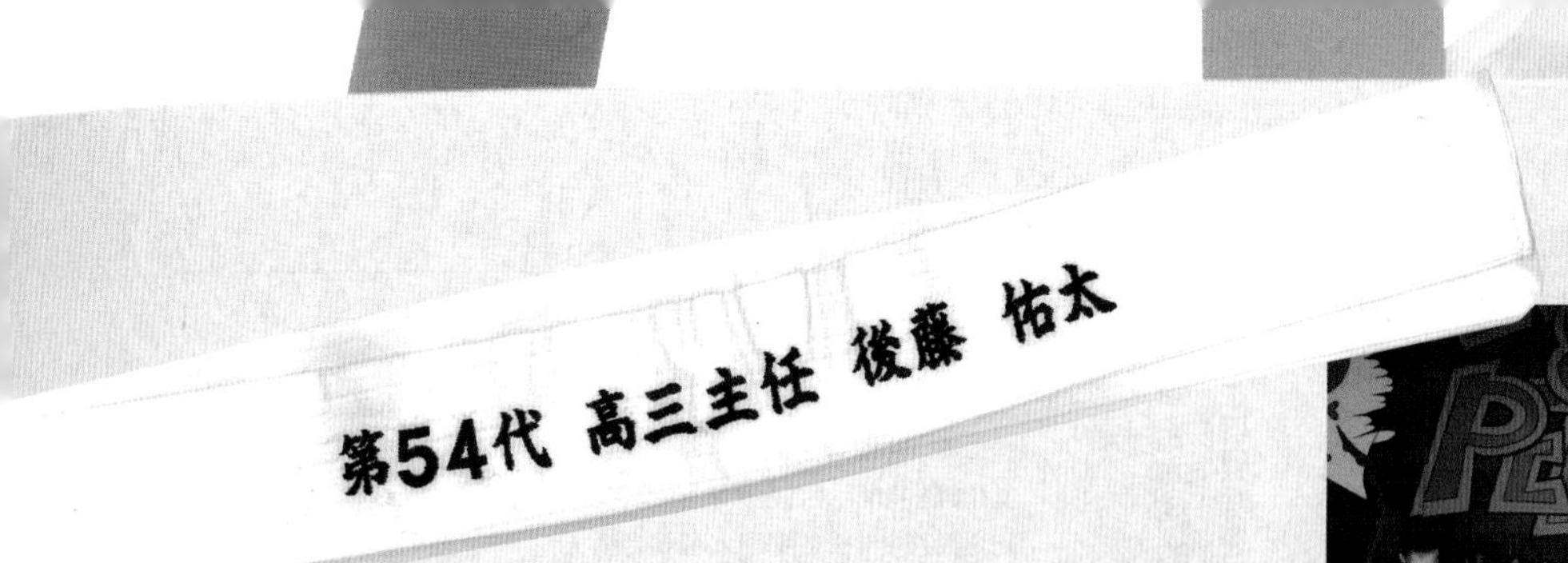

体育祭で代表として着用したハチマキ

駒場東邦時代の思い出がいっぱい

発展途上僕

14R 後藤 佑太

待ちに待った入学式。僕は胸を踊らせながら学校へ行った。僕は長い話を聞く事は苦手で、あまり好きではない。けれども、駒東の入学式には、話が長くても力を入れてきちんと聞こうと心に決めて臨んだはずだが、話をあまりよくは聞いていなかったことが、入学式の後にわかった。何故かと言うと、校長先生や来賓の方々の祝辞を、あまりよく覚えていなかったからだ。だが、後で、皆に聞くと、あまり覚えていない人がほとんどだったので、ほっとした。きっと、緊張と興奮のあまり、心に残っていなかったのだろう、と思う。

学校の授業が始まるとき、僕が考えていた授業のイメージは次のようだった。先生は黒板を書くのがとても速くて、とても恐い。又、小テストが毎回のようにあり、とてもじゃないけど解けない難問、奇問がそろっている…。だが、実際は違った。どの先生方も、優しく、面白く授業を教えて下さるし、黒板の書く速さは予想したとおり速かったが、小テストはあまり無く、あっても駒東の入試問題よりは難しくなかった(中間テストはどうだか知らないが…)。

話は変わるが、僕が一番好きな科目は、数学B、すなわち図形である。理由は二つあり、そのうちの一つは、図形の問題を解くことが面白いことである。相似、対称、延長…などというテクニックをつかって、問題を解くことが、とにかく好きなのである。二つ目は、「図形」というもの自体が好きなのである。僕は博物館などで、複雑な仕組みなどを見ると、興奮して、わくわくどきどきしてしまう。それと同じで、図形を見ると、複雑なら複雑な分、気持ちが高ぶってくるのである。その他の授業の好きな点を取り出すと、きりがないのでやめるが、どの科目もとても面白いので、これからも、楽しみながら真剣に学べる姿を忘れないようにしたい。

僕は、部活動で卓球部に入っている。顧問の阿部先生は一年生の主任をなさりながらも、卓球部にも力を注いで下さるので、尊敬の念を抱いている。又、五年生の小林先輩をはじめとする優しい先輩がたくさんいる卓球部で、トレーニングを積み重ねていけば、こんなに優しく、思いやりに満ちあふれた、指導力のある人になれるのかと思うと、心底わくわくする。その上、部活動を全うできたら莫大な充実感を得られそうだ。そう考えることで、余計にわくわくする。又、八月末の新人戦では、全力をつくして、臨みたい。そして、よい結果を勝ちとりたい。

友達は今のうちにできるだけ多く作っておいた方がよい。何故かというと、六年間同じ、このメンバーで学び、苦楽を共にしながらも、刺激しあうからだ。一ヶ月たった今、僕は十四ルームの友達の名前と顔がほぼ一致し、ほぼ全員とよく話す。

入学して、約一ヶ月の間、毎日が充実していてとても楽しい。僕は、これから六年間で本当にやりたいことを見出し、先生の御指導の下、先輩や友達の力をかりて、目標に近づき、自分を磨きたい。このような初心を忘れずに、六年間、過ごしていきたいと思う。

－25－

PTA会報誌に代表として掲載されました

文化祭の様子

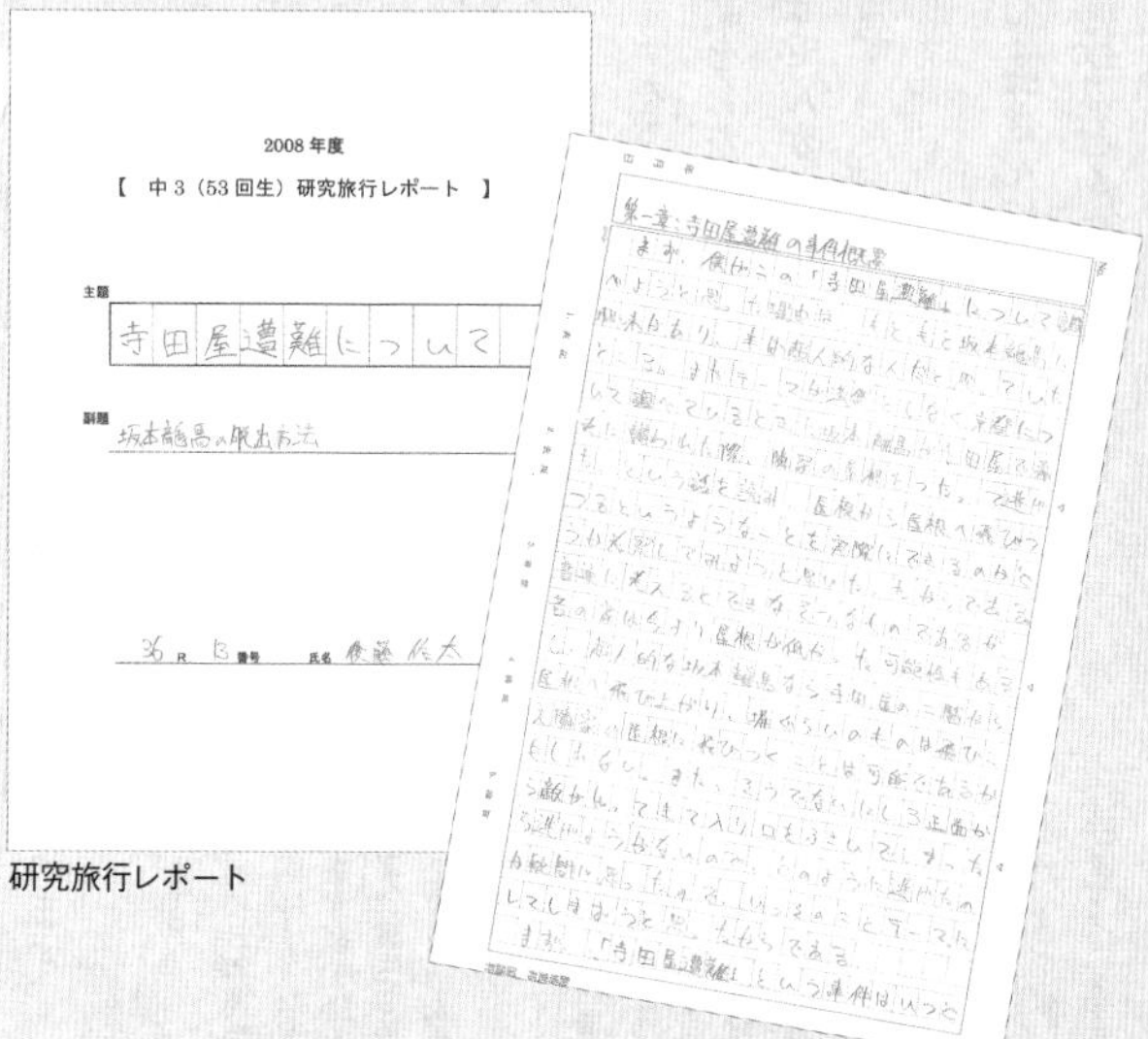

2008年度

【 中3（53回生）研究旅行レポート 】

主題 寺田屋遭難について

副題 坂本龍馬の脱出方法

3D R 13 番号 氏名 後藤佑太

研究旅行レポート

体育祭や校内体育大会、マラソン大会など、運動系の行事が多いです。特に体育祭は縦割りで、団結力の強さを実感することができます。高3の時、体育祭では代表を務めさせていただきました。

中・高時代に読んだオススメ本

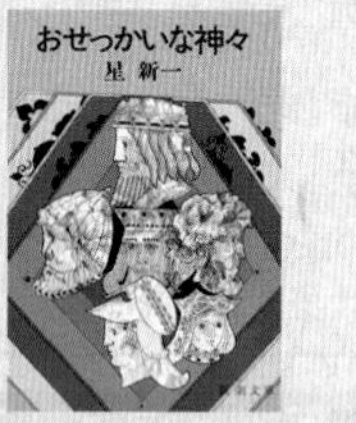

「おせっかいな神々」

著　者：星 新一
価　格：578円（税込）
発行元：新潮社

「ハリー・ポッターと賢者の石」

著　者：J.K.ローリング
訳　：松岡 佑子
画　：ダン・シュレシンジャー
価　格：1,995円（税込）
発行元：静山社

体育祭の様子

SCHOOL DATA

駒場東邦中学校

〒154-0001 東京都世田谷区池尻4-5-1
京王井の頭線「駒場東大前駅」、
東急田園都市線「池尻大橋駅」徒歩10分
TEL.03-3466-8221
http://www.komabajh.toho-u.ac.jp/

●文化祭 9月15・16日
●著名な卒業生
秋山 仁（数学者）
森田 京之介（テレビ東京アナウンサー）

模擬試験の有効活用術

～私はこうやって成績を向上させ、合格した～

秋以降、特に受験生は模擬試験を受ける機会が多くなります。偏差値、順位、そして合否判定などばかりに気を取られてしまい、復習をおろそかにしてしまったなんていう人はいませんか？
今からでも遅くはありません。
模擬試験の有効活用術を後藤さんが教えてくれました。

合格発表の様子

模擬試験（YTも含む）を受け、結果帳票が返却されると、どうしても偏差値や順位、合否判定に目が行きがちです。それらの数値ももちろん大切ですが、それ以上に重要なことがあります。それは復習です。復習のやり方は様々あると思いますが、私はまず、間違えた問題の解説をよく読み、徹底的に理解することを心がけました。

解説をじっくりと読み、考え、理解したうえで、間違えた問題をもう一度解き直す。この作業を繰り返すことで、確実に成績が伸びました。ただ、理解したと思っていても、また間違えてしまう問題もあり、そんな時は2、3日後に再度解き直しました。

模擬試験といっても、試験会場ではやはり緊張感がありますし、問題を解くうえでも、自分の部屋で解いている時の何倍も印象に残ります。模擬試験の緊張感がさめないうちに解説を熟読し、徹底的に復習することによって、模擬試験の効果は何倍にもなるはずです。みなさん、これからもがんばってください。

解き直しのポイント

STEP 1
間違えた問題の解説をじっくりと読み、考え、理解する。

STEP 2
間違えた問題を解き直す。

STEP 3
それでも間違えてしまった問題は、2、3日後にもう一度解き直す。

成績向上・合格

文京学院大学女子中学校

Super Science High School
SSH
スーパーサイエンスハイスクール
SSH＆コアSSH指定校

2012年度、東京都内の女子高等学校では初となるSSH（スーパーサイエンスハイスクール）および、コアSSHの認定を受ける

生涯第一線で活躍できる女性の育成

思春期には自分を見つめて「自分にはどんな良さがあるのだろう」と考え、自分のことを好きだと思える自己尊重感を持つことが大切です。クラスや部活動、学校行事の中で、自分ならではの役割を果たし、周りから存在を認められるということ。この経験によって自己尊重感が育ち、「みんなのためにできることがある」という自信を深めていきます。本校のキャリア教育では、地球市民という意識で、様々な社会の事例を学び、「自分はどのようなかたちで社会に貢献できるのか」を考えていきます。広い視野を持ち、生涯を通じて第一線で活躍できる女性の育成が、本校の目標です。

キャリア教育推進部長
北野 啓子 先生

中２実施

ロールモデル研究

生徒たちがいくつかのグループに分かれ、自分たちで調べてみたいと思う女性について研究し、学園祭で発表するプログラムです。これまでに生徒たちは、貧しい人や困っている人のために生涯をささげたマザー・テレサ、ピーターラビットの産みの親であり環境問題の先駆者でもあるベアトリクス・ポター、日本の女医第１号の荻野吟子など20世紀に活躍した女性から、シドニー・アテネと２大会連続でメダルを獲得した女子ソフトボール日本代表の監督を務めた宇津木妙子さんまで、時代・分野を問わず多くの女性を調べました。歴史に名を残した女性たちは、多くの困難を乗り越え、自分の意志を実現しています。その生き方を学ぶことによって、自立とは何か、女性としてどうあるべきかということを掴んでもらいたいと考えています。

図書館にある、社会で活躍した女性の本紹介コーナー

高３実施

講演会「夢を育てる方法」

「キャリア教育」のひとつとして高校３年生の時に行う「夢を育てる方法」では、さまざまな方にご自身の経験を話していただきます。そこから生徒たちは自分の世界観や視野を広げ、「夢（将来）」をイメージしていきます。これまで、聴覚に障害を持ちながらも４ヶ国語を話すことができる金修琳さんや、世界を自転車で旅したミキハウスの坂本達さんなどに講演していただきました。

金修琳さんの本

この講演会を高校３年生の時に行うことに大きな意味があります。高校３年生は、大学への進路や将来のことで、気持ちがとても不安定になる時期です。自分の中に迷いがあり、そこへ親とのかかわりや友人との比較など、ときにはうまく自分の中で消化しきれないことも出てきます。そんな状態を克服し、一歩前に進むためのヒントを、各々がこの講演会の中から学んでほしいと思っています。

中２・高２実施

企業職業研究

生徒たちに、「世の中の仕組みを知ってもらいたい」という思いから始めました。ともすると生徒たちの目は、華やかな職業や有名な会社ばかりに向けられてしまいます。しかし世の中は、生徒たちが知らない多くの会社や職業によって支えられています。ですから、併設大学にも協力をしてもらい、様々な分野の企業をリスト化しています。また生徒自身が見つけてきた企業には、私たち職員が取材の可否を確認します。その後の企業担当者とのアポイントや取材は生徒たちに全て任せます。取材結果はレポートにまとめ、全生徒でシェアしていきます。この取り組みが始まってまだそれほど年数は経っていませんが、この企業職業研究を通じて「自分の目指すべき方向性が分かった」と言ってくれる生徒もでてきました。

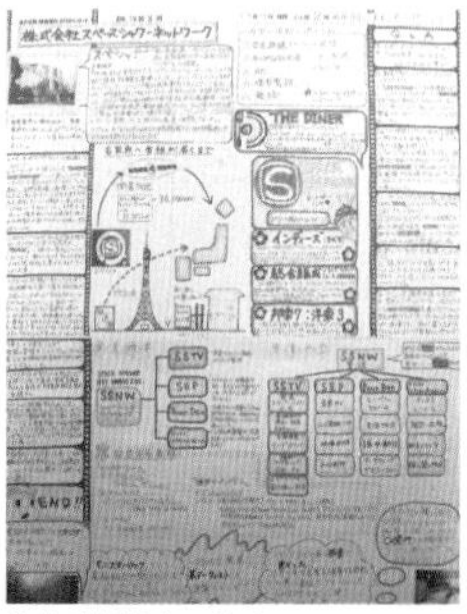

生徒が作成したレポート
資料は2010年当時の情報であり、現在は変更になっている点もございます

生徒たちは、取材対象を決めるために多くの企業を調べることで、社会の仕組みを学び、また実際に働いている人からお話を伺うことで、仕事をするということはどういうものなのかを感じてきます。残念ながら、このようなことは教科書を使った授業では教えることができません。生徒自身が体験の中から掴んでもらうしかないのです。これからも企業職業研究に取り組むことによって、仕事を通じて社会に貢献することの意義を感じてほしいと願っています。

いつでも帰ってこられる場所

文京学院大学女子中学校
OGリポート

ウェディングプランナー
善如寺 絢子さん

私の2つ上のいとこが文京学院大学女子中学校（以下、文京）に通っていました。文京にはじめて行ったのは、そのいとこの授業参観でした。「笑顔が溢れている学校」、というのが私の第一印象でした。教室での授業、校庭での部活、どこを見ても生徒たちが一生懸命取り組んでいる様子が分かりました。また、はじめて会った私に対しても、お姉さんたちは「こんにちは」とやさしく声を掛けてくれました。「私もこの学校で中高の6年間を過ごしたい！」と思いました。その日以来、文京での学校生活を送ることだけを考えて受験勉強をがんばりました。出願も文京にしか行いませんでした。

文京にはさまざまなタイプの生徒がいます。私のように「6年間部活（テニス）に励む生徒」、「パソコンのことなら何でも知っている生徒」、「普段はあまり目立たなくても、運針を物凄く上手にできる生徒」、たくさんの個性が集まって文京という学校ができているのです。これは「自立と共生」という文京の考えを皆が共有しているからです。つまり、自分の意見や価値観を大切にしながら、他者のことも尊重するということです。

私は大学卒業後、多くの人に笑顔になってもらいたいと思いウェディングプランナーの道を選びました。結婚式は、女性が一生のうちで一番輝く瞬間だと言われています。また結婚式に求められるものも、100組の新郎新婦がいれば100通りあります。ご両家の方と事前打ち合わせを何度も行い、最高の思い出を作ってもらえるように準備を行います。担当させていただいた方からお礼のお手紙をもらった時は、この仕事を選んで本当によかったと思うと同時に、自然と笑顔になってしまいます。

文京を卒業して5年目になりますが、今でもときどき学校に行っています。門をくぐった瞬間から、気持ちは文京生です。先生方と学生時代のことや会社のことなど、いろいろな話をしているとつい長居をしてしまいます。でも、文京に来るとなぜかやさしい気持ちになれるから不思議です。文京は、いつまでも私を温かく受け入れてくれるかけがえのない場所です。

2002年、文京学院大学女子中学校に入学。2008年3月卒業、同年4月日本女子大学入学。2012年3月卒業。同年4月株式会社フューチャーズコミュニケーションに入社。「人の笑顔を見ることが好き」という善如寺さんは、現在ウェディングプランナーとして活躍中。

文京の特長

運針

金曜日の朝、全生徒が、一針一針、布に糸を通していきます。はじめは、縫い目が曲がったり、等間隔にならなかったりした生徒も、卒業するころには、まっすぐきれいに縫うことができるようになります。この運針を通して集中力が身につき、また努力を積み上げていくことの大切さを学びました。15人の生徒が集い、裁縫の技術を磨いた創立時に想いをはせて88年の伝統を感じる時間でもあります。

6年間分を目の前にすると、日々の積み重ねの大切さを改めて実感

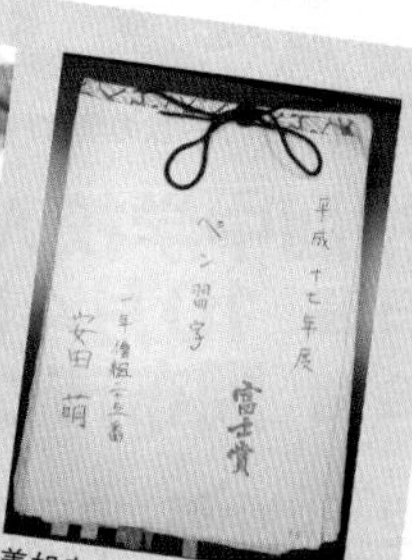

善如寺さんと同じく「富士賞」を獲得した安田萌さんのペン習字

ペン習字

創立者である島田依史子先生の「美しい字は一生の宝物」というお考えを受け継ぐ形で始まったペン習字。学校指定の課題を毎日1枚以上提出しなければなりません。年間600枚以上書いた生徒には、文京の中で最高の栄誉とされる「富士賞」が贈られます。私も在学中、600枚以上書いて「富士賞」をいただくことができました。

進学棟

中1生から高2生までが使用する校舎と高3生が使用する校舎（進学棟）の間には80mの距離があります。この距離が、文京生を“受験生”へと変えてくれるのです。

充実の放課後ライフ

文京の魅力のひとつは、充実した放課後ライフ。部活動はもちろん、「国際塾」という英語講座もあります。人気の図書館は毎日18時まで開館。文京生は放課後も学校でがんばります。

EVENT

もっと詳しく知りたい方は、

早稲アカ秋フェスで！

～秋の学校・教育フェスティバル～

11/2㊎ 10：00～12：10（9：30開場）

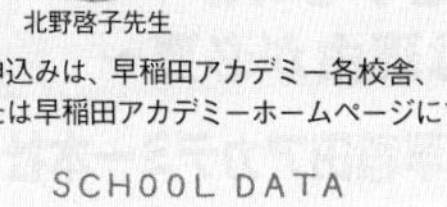

北野啓子先生

※お申込みは、早稲田アカデミー各校舎、または早稲田アカデミーホームページにて

SCHOOL DATA

〒113-8667東京都文京区本駒込6-18-3

TEL.03-3945-4361

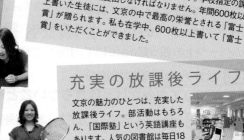

おいしく食べて、ママも子どももみんなHAPPYになぁれ♪

忙しいママ必見!

クラスのアイドル弁当

星型からいちごジャムがチラリ☆サンドイッチ弁当。電子レンジでパパッと作れる！コーンたっぷり♪
ふっくら食感のレンチンコーンボール、やさしい甘さのレンチンにんじんグラッセとカラフルなおかずで、
子ども心をギュッとつかんだお弁当！

サンドイッチ弁当 (材料は2人分)

「丸鶏がらスープ」 「味の素KKコンソメ」

レンチンにんじんグラッセ

にんじん…6cm
「味の素KKコンソメ」顆粒タイプ…小さじ1/2
Ⓐ バター…5g
Ⓐ 砂糖…小さじ1/2
※電子レンジを使用

型抜きジャムサンドイッチ

サンドイッチ用食パン…4枚
いちごジャム…適量
バター…適量

レンチンコーンボール

合いびき肉…80g
コーン缶…大さじ3
溶き卵…小さじ2
おろししょうが（市販品）…少々
パン粉…大さじ1
「丸鶏がらスープ」…大さじ1/2
片栗粉…適量
※電子レンジを使用

作り方（調理時間約15分）

①下ごしらえ

にんじんは3mm幅に切り、型で抜く。

ポイント
型で抜くだけでかわいらしくなって、子どもがパクパク食べてくれるよ!

食パンは4等分に切る。
2枚はクッキー型で真ん中を抜く。

②コーンボールを作る

合いびき肉・しょうが・コーン・溶き卵・パン粉・「丸鶏がらスープ」を合わせてよく練る。

ポイント
ひき肉はよく練ると、崩れずにふっくらと仕上がるよ。

10等分に丸めて片栗粉をまぶす。

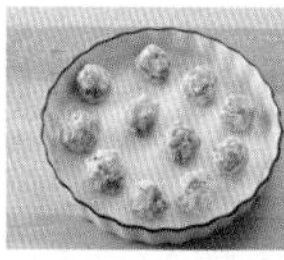

③レンジで加熱

耐熱皿に並べ、ラップをふんわりかけて電子レンジ（600W）で1分20秒加熱する。
上下を返してさらに20秒加熱する。

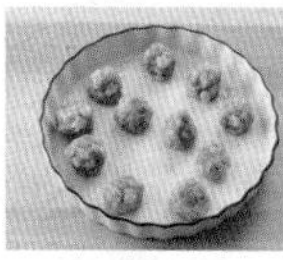

ポイント
途中で上下を返すと均一に加熱されるよ!

耐熱容器ににんじん、「コンソメ」、Aを入れ、ラップをして電子レンジ（600W）で1分40秒加熱する 。

ポイント
電子レンジから取り出したら、ラップをしたまま冷ますと、余熱で味がしっかり入り、おいしさがアップ!

④ジャムをぬる

型抜きした方にバターをぬる。
残り2枚にはジャムをぬり重ねる。

ポイント
ラップに包んでお弁当箱に詰めると、時間がたってもパサつかないよ!

盛り付けポイント

サンドイッチを重ねて詰める。となりにピックに刺したコーンボール、にんじんグラッセを詰める。

画像提供：味の素株式会社

日本航空株式会社について

日本航空株式会社（通称：JAL）は1951年に、日本で一番最初に設立された航空会社です。
現在、215機の飛行機を所有しており、国内線は117本、国際線は289本が運航し、40カ国、231地域の空を飛び続けています。

特徴的なロゴマークの通称「ツルマル」は、「江戸文様」と鶴を図式化したものなんだ。

早稲田アカデミーNN開成クラス理科担当の阿久津豊先生が解説

アクティ&おかぽんがJAL整備工場に行ってきました!

約340トン。これは日本からアメリカまで行く際の飛行機一機の重さです。今回は、私たちが空の旅を楽しめるように、常に安全を心がける整備士の皆様が働いている整備場の現場「日本航空株式会社　機体整備工場」に行ってきました。

重さ340トン!!

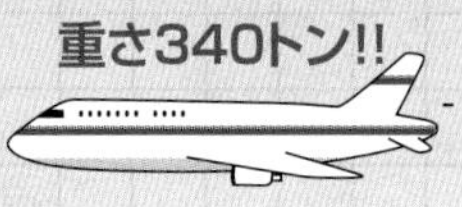

いろいろな整備

飛行機は、飛行時間や回数、使用期間によってさまざまな整備がされます。

Tチェック　空港に到着してから次の出発までに行う整備。機体の外観点検をする（20〜30分）。
Aチェック　約1〜2ヶ月毎に行う定期点検。つばさ、タイヤ、エンジンなどの状態を点検する（約8時間）。
Cチェック　約1〜2年毎に行う（車でいう車検）。全ての機内部品を取り外し、点検、修理を行う（約20日）。
Mチェック　約5〜6年毎に行う大がかりな整備。機体の再塗装などもこの際に行う（約1ヶ月）。

見学者ロビー

エンジンや飛行機の模型を見学し、「なぜ飛行機は飛ぶことができるのか」などの説明をスタッフから受けます。

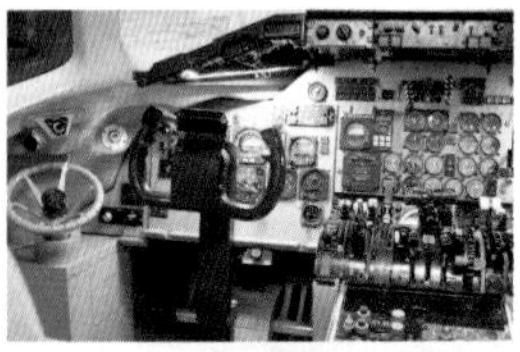

コックピット体験

DC−9という飛行機のコックピット模型に座ることができます。

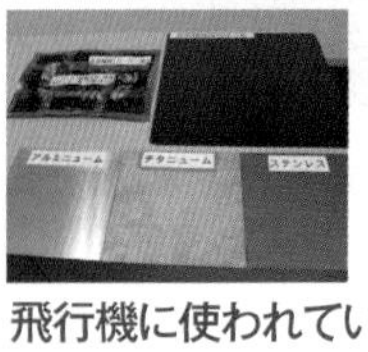

最新のボーイング787型機に使われているのは、「炭素繊維強化プラスチック」と呼ばれるもので、従来のものよりも、軽くて、丈夫なんだよ。

飛行機に使われているもの

最新型飛行機の装甲に使われている素材に触れ、硬さや重さを体感することができます。

？ 飛行機の燃料って何？

最新型の飛行機ボーイング787は、およそ時速900キロで目的地に向かって飛んでいます。それだけのスピードを出して飛ぶためには、非常に強力なエンジンが必要です。
エンジンを動かす燃料には「灯油」が使われています。もちろん、家庭のストーブに使われる灯油ではなく、「ケロシン」と呼ばれる灯油を使い、エンジンを動かしています。

燃料を入れる主翼の裏側

季節や進む方向によって、積む燃料の量は変わるんだ。これは「偏西風」が関係していて、例えば、日本からアメリカへ行くときよりも、アメリカから日本に戻ってくるときの方が、積む燃料の量が多いんだよ。

風の影響を受ける飛行機

上空を吹く偏西風により、目的地に着くまでの「時間」が変わります。

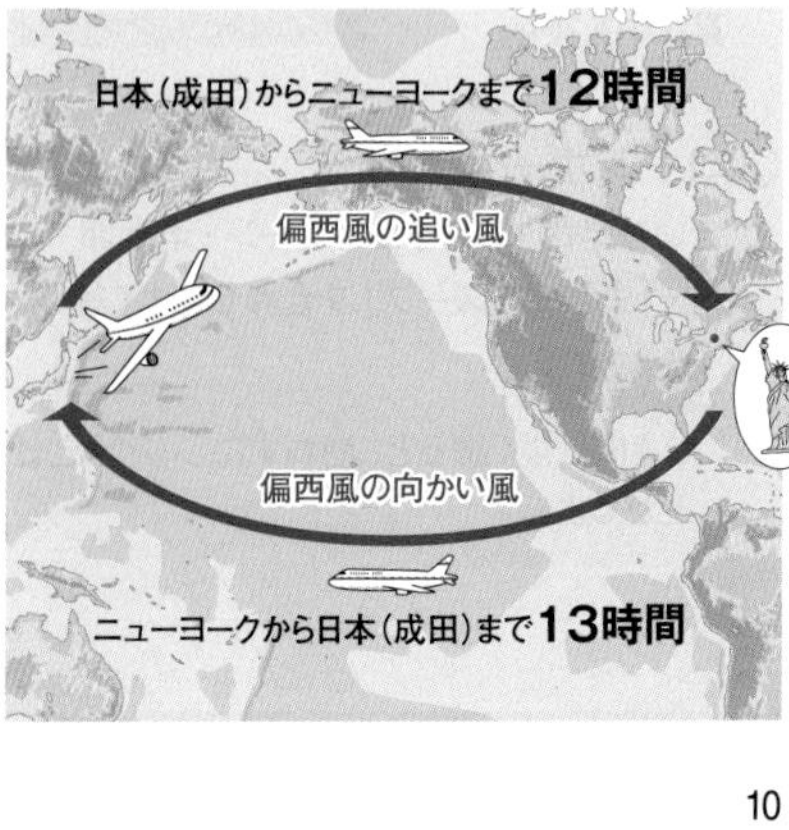

M1ハンガー
飛行機の重整備を行う

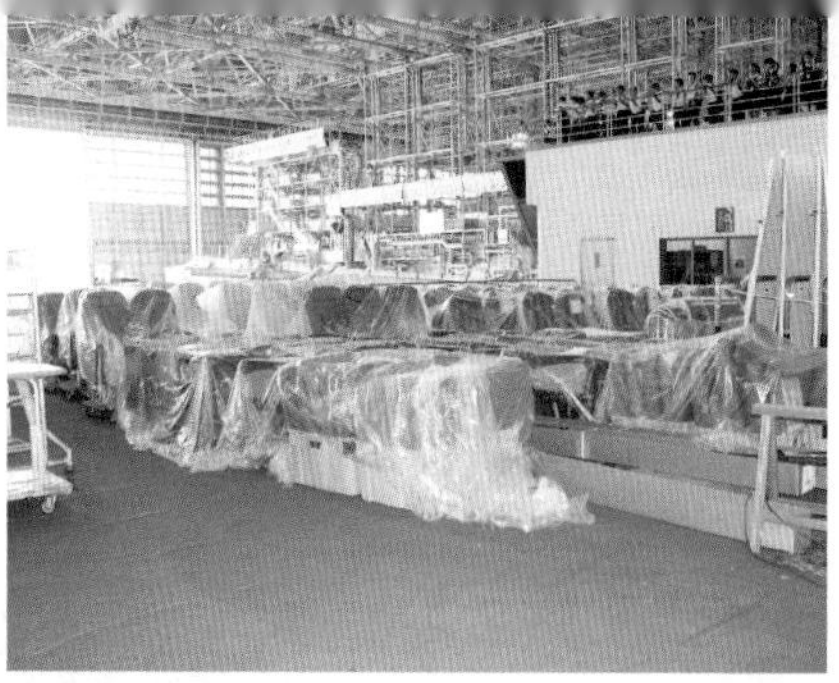

整備中
飛行機の整備では機内のもの（写真は「シート」、「荷物置き場」など）を全て取り外して、一つひとつ点検していきます。

主翼の整備
この日は主翼の整備中。傷が付いていないか調べるために、一度塗装をはがしています。

24時間、365日、
整備士たちが交代で点検・修理などの整備作業を行い、
飛行機と空の安全を守っています。

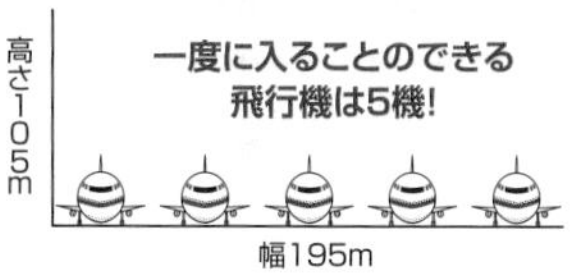

一度に入ることのできる飛行機は5機!

M2ハンガー
日常点検を行うM2ハンガー。地上に降りて、間近で飛行機を見学することができます。

ちなみに、一番大きな飛行機のエンジンは重さが9450kgもあるんだって。

飛行機のエンジン
飛行機の心臓とも言えるエンジンの整備。

エンジンの中央にある模様は、「鳥よけ」のためなんだよ。

ボーイング777のエンジン
整備中のエンジンを間近で見る事ができます。

エンジンのブレード
飛行機のエンジンについているブレードは、非常に独特な形をしています。

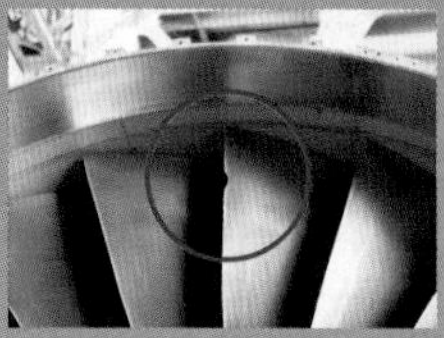

実際に鳥があたり、かけたエンジンブレード

実際に鳥がぶつかったエンジンはブレードを取り替えて、入念に整備をするから安心してね。

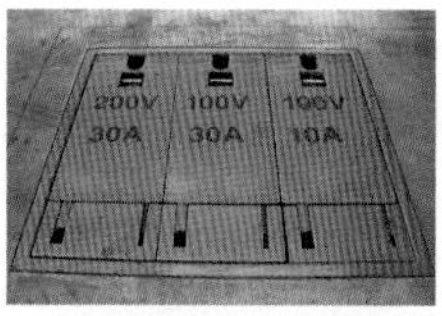

整備場の床にある電源

整備をする時にはエンジンを切るから、当然飛行機は動かせないんだ。

そのため、整備で機械を使う時は、床の電源からコードを引っ張っているんだよ。

主翼のランプ
あまり目にすることのない主翼の先端にある赤と青のライト。これは、飛んでいる時、進行方向を見極めるために使用しています。

特別塗装された飛行機

写真は「ロンドンオリンピック応援機」なんだけど、実はシールを貼って塗装しているんだ。シールをはがせば、元のカラーの機体になるんだって。

この牽引車は特別な車両で、200馬力もの力を出して飛行機を引くんだよ。

飛行機を引く牽引車

JAL　機体整備工場　見学のご案内

DATA

所在地	〒144-0041 東京都大田区羽田空港3-5-1 JAL M1ビル
最寄駅	東京モノレール「新整備場」駅から徒歩2分
料金	無料
受付時間	9:30～11:30、13:00～16:30
連絡先	03 - 5756 - 1155
ホームページ	http://www.jal.co.jp/kengaku

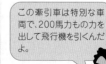

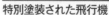

私学の図書館

ただいま
貸し出し中

みなさん、読書は好きですか？今回は、各中学校の先生方から「読書の秋だからこそ読んでもらいたい本」をご紹介いただきました。ぜひ一度、読んでみてください。

麻布中学校

「つぶやき岩の秘密」

著　者：新田次郎
価　格：515円（税込）
出版元：新潮社

両親を海難事故で亡くした六年生の紫郎は、岩場に耳を当て、海のつぶやきを聞くのが好き。それは母の声のように響く。ある日、崖の半ばに人影を一瞬見た。幽霊を見たのか。先生の協力を得て、謎の人物の解明に乗り出すが、謎は謎を呼び、ついには死者が。息詰まる冒険と暗号解読を経て紫郎は、崖の秘密、両親の死の秘密を掴む……。物語の神様、新田次郎が描く傑作少年冒険小説。

二歳の時に海難事故で両親を失い、海辺で祖父母とともに暮らす少年が、両親の死に「つぶやき岩」が関わっているらしいことを知り、その秘密を解こうとして、次々と奇怪な事件に巻き込まれます。事件の真相とともに、少年の生い立ちの謎も解明されていく展開です。　（国語科　中島克治先生）

約83,000冊の蔵書、約3,500点の視聴覚資料、約70種ある雑誌のほか、生徒が自由に使うことができるコンピュータスペースなどがあり、麻布学園図書館は単に本がある場所としてだけでなく、さまざまなメディアにおいて生徒の知的好奇心・探究心に応えるとともに、それを刺激する開かれた知的空間でありたいと思っています。

洗足学園中学校

「14歳からの哲学　考えるための教科書」

著　者：池田晶子
価　格：1,260円（税込）
出版元：トランスビュー

人には14歳以後、一度は考えておかなければならないことがある！今の学校教育に欠けている、14、5歳からの「考える」ための教科書。
「言葉」「自分とは何か」「死」「心」「体」「他人」「家族」「社会」「規則」「理想と現実」「友情と愛情」「恋愛と性」「仕事と生活」「メディアと書物」「人生」など30のテーマを取り上げる。

「哲学」と聞くと大変難しいというイメージがありますが、「人間は考える葦である」というパスカルの言葉にもあるように、我々は誰しもが「考える」という行動をします。普段当たり前だと思って通り過ぎることを、ちょっと立ち止まって「考える」。それだけで立派な「哲学」をしていることになります。池田晶子さんの「14歳からの哲学」は、そんな「哲学」の入門書といえる10代にお薦めの一冊です。是非「哲学」の世界に飛び込んでみてください。（入試広報委員長　玉木大輔先生）

洗足学園の図書館は45,000冊の蔵書を誇る自慢の施設です。自然光が天井からふりそそぐ、開放的な空間で落ち着いて読書ができます。奥の閲覧スペースでは日々の勉強に打ち込んでいる生徒が、入って右側のパソコンスペースでは調べものを熱心にしている生徒が見受けられます。明るく静寂な空間で多くの本に触れることができる、洗足学園の図書館はそんな図書館です。

市川中学校

「ニングルの森」

著　者：倉本聰
画　：黒田征太郎
価　格：1,470円（税込）
出版元：集英社

ニングルは北海道の原生林の奥深くに少数生存する、先住民族です。彼らは生命の木とともに生き、その寿命は数百年にもわたります。生き方の軸を見失った人たちへのメッセージ。著者初の童話作品。

北海道の森に棲むと言われている先住民族の「ニングル」。アイヌ語では、「ニン」には「縮む」、「グル」には「人」という意味があり、「ニングル」は「縮んだ人」、つまり「小人」を意味するそうです。彼らの体長はわずか15センチほどで、彼らは生命の木と共に生き、寿命は数百年にも及ぶといいます。そんなニングル達が、私達人間が当たり前のように使用しているお金や文字、時間という概念などに、素朴な疑問を投げかけていきます。彼らが抱く疑問は、私たち人間について客観的にとらえる機会を与えてくれます。「自然」の中の生き物の一つにすぎない、私たち人間の生き方や価値観について改めて考える素敵な機会を与えてくれる本だと思います。是非、声に出して読んでみてください。（広報部　森園悠子先生）

蔵書は約120,000冊。開館時間は7:00～19:00（中学生は18:00）。毎年2,000～2,500冊の書籍が新たに寄贈・購入されています。読みたい本を探したり、調べものに励んだりする生徒の姿が数多く見られます。また、本当に価値のある本に出会うきっかけとなることを願い、中学・高校時代の読書体験に必須とされる古今の名著、必読の書を「市川学園100冊の本」として推薦しています。

淑徳中学校

世界を知る本が大切です。小説やファンタジーは自分の経験を増やし、心を豊かにしてくれますが、今回は自分が社会の中でどう生きるべきかを感じさせてくれる本を、小学生の皆さんにお勧めします。（教頭　安居直樹先生）

「世界がもし100人の村だったら」

再　話：池田香代子
対　訳：C・ダグラス・ラミス
価　格：880円（税込）
出版元：マガジンハウス

アメリカの中学校の先生が生徒たちにメールを流した。「世界を100人の村に縮小したらどうなるか」という斬新なモデルを作り、平和へのメッセージを添えて。多方面でも紹介され、反響を呼んだ感動のメールに加筆、メッセージ絵本仕立てで一冊にまとめた超話題作！

淑徳の新校舎に登場した図書館は、最終的に50,000冊の蔵書を予定。読書だよりや検索システムなど、本好きには嬉しい情報。奥には個別ベースタイプの自習スペースもあり、集中して勉強できると人気。図書館が日常生活の一部になるようにと、生徒昇降口前に設置されました。

田園調布学園中等部

想像力豊かで優しいけれど、はめをはずしやすい点子ちゃんと、正義感が強い母親思いのアントンとの友情物語。それらをめぐる多くの登場人物を通して、ケストナーの16の「立ち止まって考えたこと」に、子供たちと大人に贈る未来への願いと知恵がつまっています。（国語科　兵藤五郎先生）

「点子ちゃんとアントン」

著　者：エーリッヒ・ケストナー
訳　：池田香代子
価　格：672円（税込）
出版元：岩波書店

お金持ちの両親の目を盗んで、夜おそく街角でマッチ売りをするおちゃめな点子ちゃんと、おかあさん思いの貧しいアントン少年。それぞれ悩みをかかえながら、大人たちと鋭く対決します―つぎつぎと思いがけない展開で、ケストナーがすべての人たちをあたたかく描きながらユーモラスに人生を語る物語。

明るく開放的な図書館には、「読みたい！知りたい！」という気持ちにこたえてくれる豊富な蔵書と好奇心を刺激する展示があります。また、クラブや趣味などで学年の枠を超えて、みんなが集う交流の場でもあります。

東京女学館中学校

著者、（故）黒川万千代さんは東京女学館の卒業生です。2009年執筆当時は、NPO法人ホロコースト教育資料センター副理事長を務めていました。アンネと同じ年に生まれ、自身も広島で被爆した著者。アンネの生涯をたどり、当時の時代状況やアンネの実像をできるかぎり正確に書き残そうとした著者。「どんなに悲しくとも、どんなにつらくとも、戦争による死を美化してはならない」という熱いメッセージを、感じ取ってください。
（広報室長　吉澤則雄先生）

「アンネ・フランク ～その15年の生涯～」

著　者：黒川万千代
価　格：1,575円（税込）
出版元：合同出版

戦争による死を美化してはならない―。アンネと同じ年に生まれ、広島で被爆、戦後長きにわたってアンネ・フランクやホロコーストを研究してきた著者が若い読者へおくる、アンネの生涯と戦争の現実。永遠の15歳アンネからあなたへのメッセージ。

東京女学館の図書館は蔵書が約55,000冊あります。コンピュータの蔵書検索システムが完備してあり、検索用のコンピュータが3台設置されています。映像や音楽を視聴できる個人視聴ブースもあります。

開智中学校

重松清の自選短編集の男子編。子どもには子どもの世界があり、そしてみんな悩んだり喜んだりして生きている。大人にも大人の世界があり、みんな悩んだり喜んだりして生きている。あたりまえだけど、日常の中で思わず忘れてしまいそうな、他者への優しいまなざしを思い出させてくれる作品群。子どもにも親にも心にしみる一冊になると思います。読み終えたら、親子でここに収録された作品について語り合ってみてもよいのではないかと思います。なお、女子編は『まゆみのマーチ』。
（国語科責任者　渡辺啓太先生）

「卒業ホームラン -自選短編集・男子編-」

著　者：重松清
価　格：500円（税込）
出版元：新潮社

少年野球チームに所属する智は、こつこつ努力しているのにいつも補欠の六年生。がんばれば必ず報われる、そう教えてきた智の父親で、チームの監督でもある徹夫は、息子を卒業試合に使うべきかどうか悩むが―。答えの出ない問いを投げかける表題作のほか、忘れられない転校生との友情を描く「エビスくん」などを含む、自身が選んだ重松清入門の一冊。新作「また次の春へ」を特別収録。

蔵書は約30,000冊あり、中学生向けから高校生向けまで幅広く取り揃えています。また、社会科学系を中心とした映像資料や、事典系の本が充実していることも特徴です。今年度から開架式書庫が増加し、利用しやすくなりました。

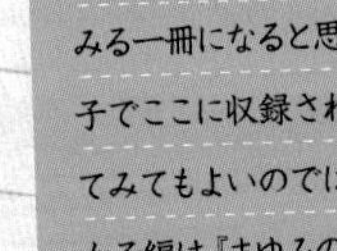

お仕事見聞録

「働く」とは、どういうことだろう…。さまざまな分野で活躍している先輩方が、なぜその道を選んだのか？仕事へのこだわり、やりがい、そして、その先の夢について話してもらいました。きっとその中に、君たちの未来へのヒントが隠されているはずです。

PROFILE

1982年生まれ。2000年3月、神奈川県立横浜翠嵐高等学校卒業。同年4月、千葉大学工学部デザイン工学科入学、2004年3月卒業。同年4月、カンロ株式会社に入社し、新規事業開発室にて素材菓子シリーズの商品開発・販促等を担当。2010年に商品戦略室プロダクトチームに配属後『ピュレグミ』ブランドマネージャーとして商品開発から全体の戦略立案等の業務に携わる。2012年3月にプランニングチームに移った後も引き続き『ピュレグミ』を中心としたグミ全般の戦略・プロモーション等を担当。

カンロ株式会社

ブランドマネージャー

入江由布子さん

—マーケティングのお仕事とは？

私が担当する『ピュレグミ』は、今年10周年を迎えたブランドで、すっぱいパウダーと果肉食感が特徴のフルーツグミです。レギュラー商品にはレモン・グレープ・フレッシュピーチの3種類があります。そのほか、期間限定商品を合わせると毎年10品以上が発売されるのですが、それらを売るためのマーケティング戦略全般を考えるのが今の私の仕事です。

といっても、私が現在のプランニングチームに異動したのは今年3月のことで、それまでは商品開発を主に行うプロダクトチームに配属されていました。そのときに担当していたのも『ピュレグミ』で、新商品企画、味やパッケージデザインの検討など、ひとつの商品が世に出るまでの一連の作業を行っていました。そういう意味では、商品開発主体からマーケティング戦略全般を考える部署に変わったものの、『ピュレグミ』を多くの方に食べていただくためにどうするかを考える仕事であることには変わりはありませんね。

—この職業を選んだきっかけは？

子どもの頃からモノづくりに興味があり、自分で絵を描いたりすることも好きだったので大学ではデザイン工学科に入学しました。

入学当初は、パッケージデザインなど、

グラフィックデザインにかかわる仕事がしたいと思っていました。ところが、授業で商品企画について学ぶうちにその魅力に引き込まれていったんです。また、昔からおいしいものを食べるのが大好きで、特にお菓子についてはパッケージデザインにも興味があったので、商品開発にかかわるならば食品関係に…と思うようになりました。

そんな思いから、実際に就職活動したときも食品メーカー、菓子メーカー、飲料メーカーを中心に回り、その結果、カンロに入社することができました。

—どんな子ども時代、学生時代を過ごしましたか？

小学校のときはサッカー部に入っていたこともあり、男の子たちに交じってサッカーをしたりしていました。また、放課後は友達と遊ぶことが多く、真っ直ぐ家に帰ったことはほとんどありませんでした。門限を破って叱られたのも懐かしい思い出です。

中学、高校ではバレーボール部に入り、部活動中心の生活を送りました。やはり、部活やクラスの友だちと一緒にいる時間が多く、家には寝るために帰るような感じだったかもしれません。高校3年生で受験勉強をするようになってからも、学校に残って友だちと勉強していたほどですから、常に友だちと一緒にいたように思います。

—学生時代にやっておくべきことは？

学生のときは「なぜ、こんなことを勉強するの？」と思うときもありますが、いろいろ知識をつけることはムダにはなりません。また、勉強以外のことも、将来、どのようなことに興味を持つかわかりません。とにかく勉強も含め、学生時代には進んでいろいろな体験をした方がいいと思います。

—仕事でうれしかったこと

以前に担当していた『素材菓子シリーズ』や『ピュレグミ』など、自分がかかわった商品を店頭で見つけたときはうれしいですね。

そして、商品を買われた方がツイッターやブログで「おいしかった」や「この商品が好き」と載せてくれているときは、心からこの仕事をしていて良かったと思います。

—辛かったこと

自分がやりたいと思っていた企画が通らない、企画は通ったものの商品が発売まで至らなかったときです。

特に、最初に担当した『素材菓子シリーズ』は、思いがけないトラブルもよく発生しました。「パッケージデザインも全て完成してあとは発売するだけ…」というときにダメになったこともありました。そういうときは本当に辛かったですね。

—これだけは負けないことは？

私個人としては、人とのつながり、コミュニケーション力を大切にしようとする気持ちです。「この人と一緒に仕事をして良かった」と思ってもらえるよう、常に努力しているつもりです。

仕事面では、『ピュレグミ』そのものです。「お菓子のなかで何が好き？」と尋ねたとき、「これが好き！」と名前を挙げてもらえるお菓子はなかなかありません。でも、『ピュレグミ』は多くの方に「これが好き！」と言ってもらえるのです。その言葉こそが『ピュレグミ』の自慢できることだと思っています。

SCHEDULE

入江さんのある一日のスケジュール

08:45	出社・メールチェック 始業 Twitter・ブログ 販売実績チェック
10:00	資料作成等
12:00	昼食 Webで話題のキャンペーンやプロモーション情報をチェック
13:00	日々の売上げチェック
14:00	来客・チーム打合せ・会議等
18:00	事務処理・業務連絡等
18:30	退社

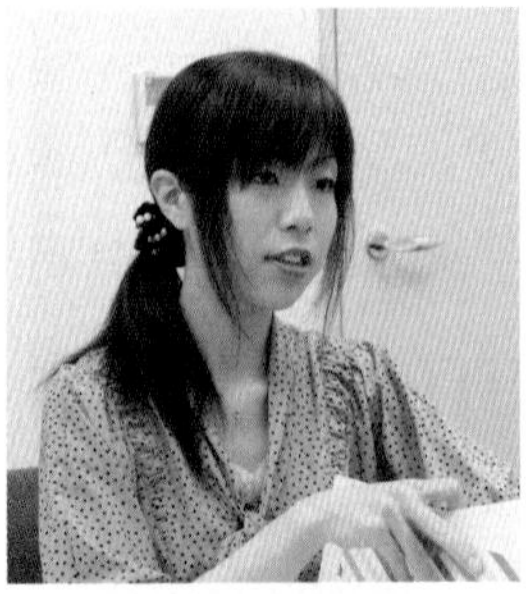

—『ピュレグミ』の誕生秘話を教えてください。

『ピュレグミ』の商品名は、〝ピュア(純粋)〟と〝ピューレ(果実を煮詰めたもの)〟を組み合わせたもので、本物の果実のようなおいしさが味わえることから名づけられました。ちなみに、「Pure」のロゴマークの「e」の上にある点はフルーツのしずくをイメージしたもので果汁のおいしさを表現しているのです。

昔は「グミ＝子どものお菓子」というイメージが強かったので、『ピュレグミ』は大人の女性が食べたいと思うようなグミを目指しました。その結果生まれたのが、あまずっぱいおいしさとハート形のフルーツグミです。発売当時では珍しかったチャック付きのスタンドタイプのパッケージにしたのも、女性が仕事中にデスクに置きながら食べ、残ったときはバッグに入れて持ち歩けるようにと考えました。そんな様々な工夫が受け入れられ、誕生から10年が過ぎた今、大人の女性はもちろんのこと、子どもや男性も含め、いろいろな方に愛される商品になったと思っています。

—この仕事の魅力は？

お菓子は人を幸せにし、笑顔を生むことができる食べ物です。自分たちが開発し、販売しているお菓子を食べて幸せになっている人たちを見ることができる、これが一番の魅力ですね。

—座右の銘は？

「やらない後悔よりも、やる後悔」です。どんなときも、「まずはやってみる」を心がけています。

—尊敬する人物は？

両親です。どちらも高校教師で非常に厳しく育てられました。今の自分があるのは、そうやって育ててもらえたおかげだと思っています。

また、厳しい反面、私の話には真剣に耳を傾けてくれるところも感謝しています。たとえば、大学時代に進路で悩んだときは、「絶対に大学は卒業しなさい」や「絶対に良い会社に入りなさい」とは全く言われませんでした。ただ一言、「本当に悩んでいるのならば少しくらい休んでいいよ」と言ってもらえたのです。大学進学と同時に親元から離れていますが、いつでも相談したときはしっかりと話を聞いてくれる、そんな良い関係が保てていると思います。

—子どもたちへのメッセージ

少しでも興味を持ったり、やりたいなと思ったりしたことは、ぜひ、チャレンジしてみてください。やらないとわからないこともたくさんあるし、やってみてダメなら違う方法を探せば良いだけです。迷ったときは、「やらない後悔よりも、やる後悔」、この言葉を思い出してください。

—仕事とは

『サクセス12』では、様々な分野でご活躍されている方を紹介しております。ご協力いただくことが可能な方は、下記のメールアドレスまでご連絡ください。お待ちしております。

メール
success12@g-ap.com

Premium school

浦和明の星女子中学校

URAWA AKENOHOSHI Girls' Junior High School

埼玉／さいたま市／女子校

Be your best and truest self.
最善のあなた 最も真実なあなた

校訓「正・浄・和」を掲げ、キリスト教精神を根幹にした人間教育を、埼玉の地で展開しているのが浦和明の星女子中学・高等学校です。一人ひとりの生徒を大切にする教育は、多くの人々に支持されています。進学実績もきわめて良好で、社会の中核を担う優秀な人材を数多く輩出する学校として大きな注目を集めています。

URAWA AKENOHOSHI Girls' Junior High School

所在地：埼玉県さいたま市緑区東浦和6-4-19
交　通：JR武蔵野線「東浦和」徒歩8分
生徒数：女子のみ525名
T E L：048-873-1160
U R L：http://www.urawa-akenohoshi.ed.jp/

入試情報（2013年度）

	第1回 1月14日（月）	第2回 2月4日（月）
募集人員	女子120名	女子40名
出願期間	1月5日～1月7日	1月21日～2月3日 ※1月27日を除く
合格発表	1月16日（水）	2月5日（火）
入学手続	1月18日（金）まで	2月6日（水）まで

入試科目　国語・算数（各50分・各100点）
社会・理科（あわせて50分・各50点）

最適な学びの環境で伸びやかに育てていく

ＪＲ武蔵野線「東浦和」駅から徒歩８分ほどにある閑静な住宅地の一角に浦和明の星女子中学・高等学校は位置しています。正門の前に立つと、その先には落ち着いたエンジを基調とするシックでセンスのよい校舎が広がります。

校内に入るとチャペルのマリア像が出迎えてくれ、教室棟の中庭には噴水もあり、水しぶきをあげています。緑の多いキャンパス内は、最適な学びの環境が整備されています。

校舎内は全教室に冷暖房が完備され、全校集会や様々な行事で使用されるジュビリホールも雰囲気のよいつくりとなっています。

また、図書館の充実ぶりは特筆すべきものです。多数の蔵書が用意され、読書や学習を行うためのスペースもふんだんに設けられています。

運動施設も充実しています。芝生に縁取られた全天候型のトラックを備えたグラウンド、温水プール、ふたつの体育館など、思いきり運動をするための施設が揃っています。

学習の場である教室も、ＬＬ教室、コンピュータ室など、十分な設備が整えられています。礼法室やカフェテリアも設置され、生徒が生活する空間として、申し分のない環境が用意されています。また、キリスト教精神を基盤とする学校にふさわしく、構内には厳かな雰囲気を醸し出すチャペルもあります。

浦和明の星女子中学・高等学校は、カトリックのミッションスクールです。教育の母体は、１８５３年にカナダのケベック州で設立された聖母被昇天修道会です。

日本では、１９３７年（昭和12年）に青森技芸学院を開校し、現在は中学・高校・短大を擁する学園となっています。そして、１９６７年（昭和42年）に埼玉県さいたま市緑区の現在地に浦和明の星女子高等学校を開校し、さらに２００３年（平成15年）には中学校を併設し、現在にいたっています。

学園の紋章は星、桜、楓の葉、灯がデザインされています。星は聖母マリア、桜は日本、楓の葉はカナダの修道女たちによって創立されたことを表します。さらに灯は進む道を照らす光です。これらの象徴を十字架が支える意匠となっています。

キリスト教精神を基に人間性を育む教育を展開

浦和明の星女子中学・高等学校は、キリスト教的人間観に基づいた教育を展開しています。神から与えられた生命（いのち）である一人ひとりを尊重し、大切にするという姿勢を根底におき、キリスト教の人間観、世界観によって人間形成を行っていく教育です。

校訓として、建学の精神である「正・浄・和」が掲げられています。「正」は一人ひとりを大切にすること、「浄」は真に自由な心を保つこと、「和」はみんなとともに、助けあって生きることを表し、本物の自分になることを目指しています。

この校訓は聖書（マタイの5章）の「義に飢え乾く人々は幸いであ

る、心の清い人々は幸いである、柔和な人々は幸いである」との一節に由来するもので、他者とともに助けあいながら、一人ひとりの自己実現の道を探究するということです。

また、在校生にとって学校生活の指針となるのが「Be your best and truest self」（最善のあなたでありなさい。そして最も真実なあなたでありなさい）というモットーです。

このモットーは常に各人が心に刻み、生徒一人ひとりが自己実現に向かって成長するために真剣に努力することを願っています。これは、自己中心的な利益を追求するのではなく、広い視野に立って社会や国、ひいては世界を見据え、それらと自己実現を関連づけて考えていくことなのです。

他人を尊敬し、他者を大切に思う心の豊かさを養い、人間として大きく成長することが浦和明の星女子の教育なのです。

深い理解を前提とした密度の濃い授業が特徴

浦和明の星女子のカリキュラムは、中高完全一貫教育のもと、6年間を有効に活用し、それぞれの授業において本質的な理解が深まることを目的に組み立てられています。

中高一貫だからといっても、けっして「先取り学習」を行うことを目的としているのではありません。6年一貫教育のなかで、それぞれの学年に合った内容の学習が基本になっています。浦和明の星女子では、じっくりと時間をかけ、生徒全員が深く理解できるような授業が展開されているのです。

各科目のバランスを重視し、すべての教科をきちんと学習していくことが基本となっています。

英語教育では、文法、リーダー以外の授業はネイティブの先生が担当し、特に英会話の授業では少人数授業が実施され、一人ひとりにきめ細かな指導がなされています。

また、週5日制をかなり早い段階から取り入れている浦和明の星女子では、前期・後期の2学期制を採用しています。

さらに、土曜日は毎月1回、「自主の日」と名づけられ、希望者が登校する制度もあります。多くの生徒が学校にやってきて、それぞれの課題に取り組んだり、部活動に励んでいます。

浦和明の星女子では、休み時間や放課後など、自主的に先生のところへ質問に行く生徒が数多くいます。

職員室前の様子を見ると、そのことがよくわかります。廊下には、生徒からの質問に答えるため、専用の黒板が設置されています。

そこでは、いつも生徒が先生に熱心に質問している姿が見られます。

もともと比較的生徒数の少ない小規模校ということもあり、一人ひとりの状況を配慮しながら授業や指導が行われてきたという伝統が、こうした部分にも表れているように感じられます。

きめ細やかな進路指導で生徒の希望を実現

ほとんどの生徒が大学進学を希望し、きわめて優秀な進学状況で知られる浦和明の星女子ですが、それはひとつの結果でしかなく、大学進学だけを目的とした教育は

中3九州修学旅行

アッセンブリ（全校集会）

合唱コンクール

中1オリエンテーション合宿

行っていません。

浦和明の星女子の進路指導は、成績や偏差値というような数値のみで判断していく指導ではなく、「最良の人間として生きるための道を探す手助け」と位置づけられています。

難関大学合格を第一義とするような進路指導とは明確に一線を画し、進路を考えることは生き方の発見であるととらえ、自己実現の一歩と考えられています。

そして、大学合格が人生の最終目的ではないことを生徒全員が理解し、それぞれの進路選択を行っていきます。

豊富な進学情報が生徒に提供され、将来、自分が進もうと考えている道に向けて、幅広いなかから選択できる態勢が整えられています。

生徒一人ひとりの希望をよく聞き、先生とじっくり時間をかけ、それぞれが最適な進路を選ぶことのできる仕組みが構築されているのです。

大学進学に向けた勉強合宿や、特別な対策講座等が用意されているわけではありません。むしろ、日々の授業を充実させ、濃度を高めることによって、各人が高い学力を培うことができるように工夫されています。

「浦和明の星の授業をマスターすれば、大学受験にも対応できる」と考える生徒が多いというのもうなずけるところです。

大学合格実績の特徴として、現役難関大学合格率の高さが注目されていますが、これも日々の授業による深い理解を積み重ねた結果と言えるでしょう。

そうした高い実績をあげることができる基盤として、高2からは進路に対応した選択科目を多く設定したり、高3の夏休みには希望者を対象とした補習も実施するなど、生徒を全面的にサポートしています。

生徒を成長へ導く様々な学校行事

浦和明の星女子の学校生活は勉強だけではありません。むしろ、各種学校行事やクラブ活動が盛んで、そうしたことから学ぶことも多い学校だと言えます。

運動系、文化系ともに数多くのクラブがあり、その多くが中学生と高校生が合同で活動しています。クラブは自由参加ですが、加入率が高く、ほとんどの生徒がいずれかのクラブに参加しているようです。

さまざまな学校行事が多いことも浦和明の星女子の特徴と言えるでしょう。各学年ごとに年1回行われる修養会やクリスマス行事に代表される宗教的な行事もあります。

また、入学直後に長野県の軽井沢で行われる2泊3日のオリエンテーション合宿も、学校のことを理解し、新しい友人との絆を構築する大切な機会となっています。

さらに、球技大会、合唱コンクール、林間学校、スポーツデー（運動会）、文化講演会、百人一首大会、希望者が参加するスキー教室など、盛りだくさんの行事が行われます。

毎年9月に実施される「明の星祭」は、学園生活のハイライトとも言えるイベントです。公開行事ですので、ぜひ見学に出かけてみてはいかがでしょうか。学校生活の雰囲気が実際にわかる、絶好の機会となることでしょう。

放送朝礼

明の星祭

クリスマス（祈りの集い）

スポーツデー

浦和明の星女子中学校

URAWA AKENOHOSHI
Girls' Junior High School

キリスト教的人間観に基づく一人ひとりを大切にする教育

埼玉県さいたま市において、キリスト教精神に基づく人間育成を目指し、優れた教育を実践している浦和明の星女子中学・高等学校。建学の理念をもとに、理想を追求する質の高い教育を実践してきたことで知られています。中学入試では、広く関東一円から同校の教育を求めて多くの受験生が集まります。キリスト教の価値観をもとに、一人ひとりの生徒を大切にする浦和明の星女子中学校の教育について、島村新校長先生にお話をうかがいました。

校訓「正・浄・和」のもと それぞれの違いを認め、お互いに助けあう

島村《しまむら》 新《しん》　校長先生

一人ひとりを大切にする教育

【Q】浦和明の星女子中学・高等学校の沿革についてお話をおうかがいしたいと思います。

【島村先生】中学校は開設して10年目の学校です。2003年（平成15年）に開校し、現在の中学1年生が10期生となります。高等学校は開校して46年になります。

私たちの学校は、カナダのケベックに本部をおく修道会が教育の母体です。

その修道会が創立されたのが、1853年のことですので、本校の源をたどると長い歴史があることがわかります。

1937年（昭和12年）、青森市に青森技芸学院を開校しました。現在の青森明の星中学・高等学校です。

学校の立地という観点では、カナダも日本も共通しているのですが、どちらかというと、郊外の閑静な地に学校が設置されています。そこには、都会から少し離れた落ち着いた地で、女性に一流の教育を行いたいという修道会の考え方があったのだろうと思います。

【Q】学校の教育理念、ならびに建学の精神についてお願いします。

【島村先生】キリスト教的人間観に基づく人間教育が本校の中核となる理念です。

一人ひとりはみな、それぞれの使命を持つ特別な存在です。

本校では、そのような一人ひとりを大切にしていきたいと考えています。つまり「あなたはあなたでいい」ということであり、モットー「Be your best and truest self」（最善のあなた、最も真実なあなたでありなさい）はそのことを意味しているのです。

英語で「人」を表わす「パーソン」という言葉は、もともとは「役割」を意味します。人はみなそれぞれ

の役割を持った存在なのです。

【Q】完全中高一貫校とされたのは、どのようなお考えからですか。

【島村先生】高校から新たに入学者を募る方法もあると思います。しかし、本校は高校からの入学者を別だてにしてカリキュラムを編成できる規模の学校ではありませんし、また、みんなで一緒に学ぶ6年間にしたかったわけです。

そこで、中学校の1期生が高校生となるときから高校募集を停止し、完全中高一貫に移行しました。

人と比べないからこそ自分らしく成長できる

【Q】「一人ひとりを大切にする教育」は進路指導においても貫かれているのですね。

【島村先生】はい。進路指導の役割は、生徒一人ひとりの自己実現を助けていくことだと考えています。ですから、例えば、生徒がある大学を受けたいと希望する時、その選択が他の人との比較からなされたものではなく、主体的に決定されたものであることを願っています。

【Q】異なった一人ひとりが存在するとき、集団のなかにおけるあり方についてはいかがでしょう。

【島村先生】人間は、一人ひとり違うからこそ、それぞれの役割を果たすことで助けあっていくことができます。

また、それぞれが違う存在であるから、お互いに尊重しあうことができるのだと思います。

今年、中学1年生のオリエンテーション合宿は、「みんなで」というテーマで行いました。助けあうことは比較や競争とは逆の考え方なのです。

オリエンテーション合宿は、「みんなで仲良く学校生活をしていきましょう」というスタートとなりました。

【Q】受験をお考えのみなさんへのメッセージをお願いします。

【島村先生】本校の目指す教育は、一人ひとりを大切にするということです。

みなさん一人ひとりが、他の人との比較ではなく、本物の自分として成長すること（自己実現）を願う学校なのです。

学校説明会　王子キャンパス本館

9月 1日（土）14:00～
10月 6日（土）14:00～
11月17日（土）13:00～
12月 8日（土）13:00～
1月 7日（月）13:00～

＊説明会終了後、新田キャンパスを見学希望の方はスクールバスでご案内いたします。

オープンスクール【要予約】王子キャンパス本館

【授業見学】 10月10日（水）10:30～12:20
11月 8日（木）10:30～12:20

生徒募集概要【募集人員　男女80名】

入試区分	第1回		第2回		第3回（特別入試）	第4回
	A入試	B入試	A入試	B入試	B入試	A入試
試験日	2月1日（金）		2月2日（土）		2月3日（日）	2月5日（火）
募集人員	男・女25名	男・女10名	男・女20名	男・女10名	男・女10名	男・女 5名
試験科目	4科	2科	4科	2科	2科選択（算・理）又は（算・英）	4科
集合時間	8:40集合	14:40集合	8:40集合	14:40集合	14:40集合	8:40集合

北斗祭（文化祭）
9/22（土）12:00～15:00
9/23（日） 9:00～15:00

順天中学校

王子キャンパス（京浜東北線・南北線 王子駅・徒歩3分）
東京都北区王子本町1-17-13　TEL.03-3908-2966
新田キャンパス（体育館・武道館・研修館・メモリアルホール・グラウンド）
http://www.junten.ed.jp/

藤村《ふじむら》女子《じょし》中学校

適性検査入試で注目の的

今年、80周年をむかえた藤村女子中学校。建学の精神に基づいた女子教育を行いながらも、さまざまな新しい試みにチャレンジしている学校です。たとえばこの春は、新たに「適性検査入試」を導入して注目を集めました。その藤村女子の「適性検査入試」とはどのようなものなのでしょうか。

1 「知・徳・体」調和のとれた女性を育成

藤村女子の創立者、藤村トヨ先生は女子教育・女子体育教育の草分け的な存在として知られており、開校にあたり、建学の理念を「女子の心身の育成と徹底した徳性の涵養」においてきました。その精神は引き継がれ、知識ばかりに偏らず、健康的な心身の発達と個性の伸長を重視し、社会で必要な日本女性の育成を目指して「知・徳・体」調和のとれた全人教育が実践されています。

授業は1日50分6時間で行われ、週6日制です。中学期においては、基礎学力修得期として、とくに数学や英語の基礎教科で習熟度別授業を実施、学力発展講座、八ヶ岳勉強合宿などが用意されています。また、個々に配慮した補習も行われるなど、生徒一人ひとりにあったきめ細かい指導で、基礎学力の定着に力が注がれています。

高校には「総合コース」と「スポーツ科学コース」の2コースがあります。「総合コース」には国公立大や難関私立大学をめざす特進クラスも設置されています。特進クラスでは、特別講座などを用意、さらに学力を伸ばす工夫がされています。

また、学習するうえで、欠かせない存在なのが学習センターです。専任の先生が常駐し、東大生のチューターといっしょに、放課後、生徒の勉強をみます。中学生のうちは、学習習慣が身につき、高校からは、自分の進度に合わせた学習を行うことができます。学習センターでの「学び」は授業に直結しており、とくに理解度の定着に効果が発揮されています。

部活動で思う存分に身体を動かし、部活動のない日には、学習センターで集中して勉強をします。このサイクルができたことにより、実力が大幅に伸びた生徒もいます。こうした教育が身を結び、このところ、早大、上智大、国際基督教大をはじめ、MARCHなど難関私立大への進学者が増えています。

建学の精神を大切にしながらも、現代に合わせた教育を実践するために、つねに新しいことにチャレンジしている藤村女子。その次なる試みとして、この春の入試から「適性検査入試」を始めました。公立中高一貫校と同じような「適性検査」での入試で、2月1日午前に行われます。

この適性検査入試について、坂田敬一校長先生にお話をうかがいました。

2 都立だけではもったいない その実力を伸ばしたい

――適性検査入試を実施してみていかがだったでしょうか。

坂田先生「おかげさまで多くの注目を集め、46名のかたに受験していただきました。入学につながったかたは少なかったのですが、この入試で入学された生徒さんがとても優秀なので驚くとともに喜んでいます。また、その後に寄せられた反響として、都立中学受験に役立ちとてもよかったというかたが多く、ひとつの使命は果たせたと思っています」

――適性検査入試を実施しようと思われたきっかけを教えてください。

坂田先生「都立の中高一貫校だけ受験して落ちてしまった子どもがそのまま公立中学校に進み、高校受験をするのはもったいないと思うのです。そのようなかたたちの、本校は新しい受け皿になれると思ったのです。適性検査は学力だけで推し量れない、よい部分を見つける入試でもあります。今年、都立の中高一貫校がダメだったけれども、有望な人材はたしかにいました。伸びる可能性を持った子どもを本校でより伸ばしていってあげたいのです」

――学力検査ではない、適性検査型の問題を作成するのは先生がたも大変でしょう。

坂田先生「問題作成に時間がかかるため早めにスタートしています。融合問題ですので、算数は算数の先生だけがやっていればよいということにはなりません。そのため、ひとつのテーマを決めて、各教科の先生たちが問題を持ち寄るというかたちをとっています。この春は「エコ」をテーマにさまざまな教科の角度から問う出題もありました。問題がカラー印刷で「わかりやすかった」というご評価もいただいています。問題作成については、都立中高一貫校と同じ観点になるので、大事なのはその試験でどんな力を見るのかということです。

藤村女子としては、小学6年生までの学力がきちんとついているのかどうかに加えて、子ども独自の観点を探りたいと考えています」

――受験されるご家庭について、都立の中高一貫校を第1志望とされているかたが多いと思うのですが、藤村女子のアピール部分をお話しください。

坂田先生「公立の中高一貫校と私どものような私立中学とは教育方針が大きくちがいます。私どもでは長年培った6年一貫教育で、ていねいに子どもたちを育てていきます。より勉強したいという生徒にとっては、高校になれば特進クラスもあります。

比較するわけではありませんが、大きくちがうのは土曜日にも毎週授業があるということです。主要3教科の授業時数はかなり多く、とくに英語の時間は多くなっています。

また、アドバンス講座という講座を設けています。通常の授業以上にもっと勉強したいという生徒のための講座です。学習において手厚いサポート体制が整っています。

本校は部活動がとてもさかんですので都立の中高一貫校よりも部活動ができるというメリットもあります。運動会や文化祭などの行事も多く、楽しくチームワークを組んで、みんなで向上できるよさがあります」

――適性検査入試はいつ、どのようなかたちで行われるのでしょうか。

坂田先生「2月1日午前、いわゆる都立中高一貫校の適性検査と同じような問題で、IとIIがあります。それぞれ各45分で、100点満点です。Iは算数や理科、社会を取り入れた複合問題で、IIは国語の問題になる予定です。適性検査入試のみ受験料は6000円となっています。また、この入試ではプレミアム判定を行います」

――プレミアム判定とはどういったものなのでしょうか?

坂田先生「成績がよければ年間の授業料相当の奨学金をだすというもので、プレミアムAなら年間授業料相当の奨学金、プレミアムBなら年間授業料半額相当、プレミアムCなら10万円の奨学金（入学時のみ）となっています。来春からは2科の受験生からも選ばれます」

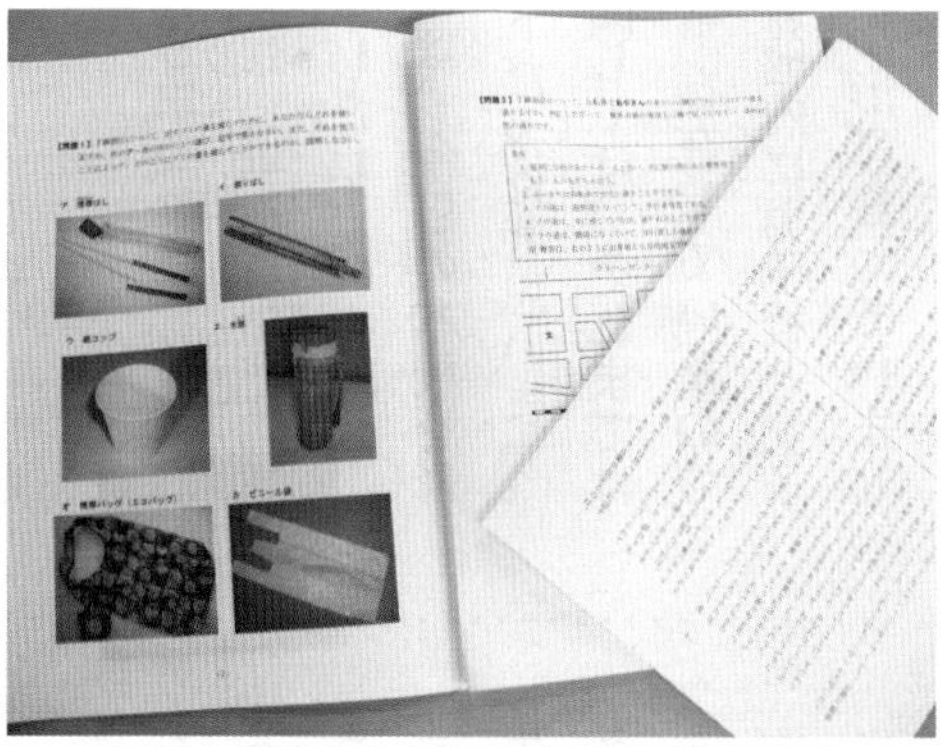

カラー印刷された適性検査入試の問題

――では、受験を考えているかたに向けてメッセージをお願いします。

坂田先生「適性検査入試で、いままでとはちがったすばらしい力を持ったお嬢さんが入学されており、非常に大きな期待を持っています。そうしたお嬢さんが、藤村女子が今後さらに伸びていく力にもなるだろうと信じております。行事も非常にさかんで、勉強も部活も、お嬢さんが成長できる機会を学校は用意しております。

ぜひ、自信を持って、受験して、藤村に入っていただきたいと考えています」

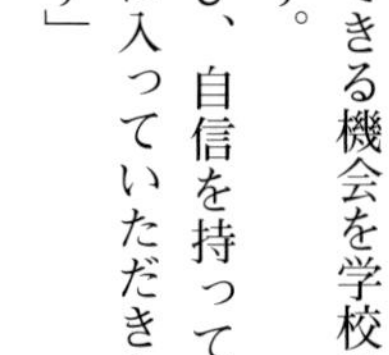

森上教育研究所 **森上展安**所長

建学の精神をいかしつつ つねに新しいことへ挑戦

藤村女子は、勉強だけでなく部活動や行事が非常にさかんな学校です。そして新しいことにどんどんチャレンジしていく活気を持っています。今回も「適性検査入試」を導入するなど、これまでの80年の伝統をいかしつつも、つねに新しいことに挑戦しつづけている学校です。

藤村女子中学校 School Data

所在地 東京都武蔵野市吉祥寺本町2-16-3
TEL 0422-22-1266
URL http://www.fujimura.ac.jp/
アクセス JR線・京王井の頭線・地下鉄東西線「吉祥寺」徒歩5分

学校説明会
10月14日（日） 11:00～
12月1日（土） 14:00～

予想問題解説会 ※要予約
11月18日（日）
・藤村予想問題解説会 8:30～
・適性検査入試解説会 13:00～

個別相談会 ※要予約
1月6日（日） 9:00～13:00

演技発表会
9月20日（木） 14:00～16:00

文化祭
9月29日（土） 9:00～16:00
9月30日（日） 9:00～16:00

Close up!!

クローズアップ!!

日本大学第二中学校

The Second Junior High School of Nihon Univ.

東京都　杉並区　共学校

おおらかな校風のもとで養われる「見える学力」と「見えない学力」

東京都杉並区の閑静な住宅街に佇む日本大学第二中学校。生徒の将来を見据えて、基礎基本を重視しながら深く学ぶことができる学習カリキュラムとユニークな学校行事、盛んな部活動などで社会に貢献できる人間としての力を伸ばします。

SCHOOL DATA

所在地
東京都杉並区天沼１-45-33

アクセス
JR中央線「荻窪」徒歩10分・バス、JR中央線「阿佐ヶ谷」、西武新宿線「下井草」徒歩15分、西武新宿線「鷺ノ宮」、西武池袋線・都営大江戸線「練馬」、西武池袋線「中村橋」バス

生徒数
男子358名、女子355名

TEL
03-3391-5739

URL
http://www.nichidai2.ac.jp/

悉知《しっち》 弘一《こういち》　校長先生

【Q】御校は目指す生徒像として、「見える学力と見えない学力」「規則正しい健康な生活習慣」「真剣に学び、思い切り汗をかく」を掲げておられますが、そのなかで、「見えない学力」とはどういった学力を指すのでしょうか。

【悉知先生】「見える学力」については文字通り、端的に数値化されて現れる学力です。それに対して「見えない学力」とは、けっして数字として出てくるものではありませんが、将来的に役立つ、生きる力のことを指します。人間力と言ってもよいかもしれません。学校行事や部活動、生徒会活動といった教科以外の活動をとおしてこれを育てます。

本校では、生徒が人間として成長するために、この「見える学力」と「見えない学力」がアンバランスにならないよう、バランスよく伸ばしていくことを目標としています。

【Q】御校は１９９８年（平成８年）に中学校が、１９９９年（平成９年）に高等学校が共学化しましたね。

【悉知先生】共学化は、今日の本校を形作る大きなポイントだったと思います。実のところ高校に関しては、それまでは男女別学という形で存在していたのです。つまり、同じ敷地内に男子校と女子校が存在するような形になっていました。そして、「日大二高は本来一つの目的を持った一つの学校である」という認識のもとで、2年余り協議を重ねて共学化が実現しました。それに合わせて中学校も共学化し、制服、カリキュラム、男女の人数なども全て同じにしました。

【Q】共学化した現在の校風とはどういったものなのでしょうか。

【悉知先生】おおらかで明るい雰囲気が学校全体にあります。中高ともに習熟度別授業や特進クラス、スポーツ特進クラスといったものがなく、ギスギスした空気がありません。6年間をとおしてお互いにいいところを見つけながら仲良くなっていくことができる学校です。

【Q】受験生のみなさんにメッセージをお願いします。

【悉知先生】楽しくなければ学校ではないと常々考えています。しかし、楽しいだけが学校ではなく、時には厳しいこともあり、学校はそれを乗り越えて成長する場でもあります。ですから、ぜひみなさんの性格に合った学校を選んでいただきたいのです。ぜひ本校に足を運んで、生徒たちの生活をご覧いただき、そのうえでお選びいただければ、きっと楽しい6年間を過ごしてもらえると思っていますし、人間としての成長もできる学校であると自信を持っています。

長い歴史を持つ日大の名門付属校

JR中央線の荻窪駅から徒歩10分。周辺の駅からバスも出ており、通学に便利な場所にある日本大学第二中学校（以下、日大二中）は、日本大学（以下、日大）の付属校として1926年（大正15年）に誕生しました。

1998年（平成10年）に共学化し、男女がほぼ同数の中高一貫校として、日大はもちろんのこと、難関国公立・私立大学への合格者を多数輩出する進学校としての地位を築いています。

「見える学力と見えない学力」「規則正しい健康な生活習慣」「真剣に学び、思い切り汗をかく」の3つを、目指す生徒像として掲げ、学業だけではなく日々の学校生活全般にも全力で取り組むのが日大二中の特徴です。

日大二中は3学期制で週6日制をとっています。平日は50分授業が6時限あり、土曜日は4時限です。中学校の間はコース分けもなく、240名がすべて同じカリキュラムのもとで学びます。

主要5教科は文部科学省が定める標準時間よりも多く時間をかけ、基礎基本の習熟を重視。公立校に比べて授業時間数は多くなりますが、いわゆる「先取り授業」は行わず、より深く学んでいきます。

学習進度が遅れている生徒のフォローや、より深く学びたいという生徒への対応も万全です。補習・講習が年間をとおして計画的に実施されており、さらに、ハイレベルな問題集を使用することで、生徒の理解レベルに応じて学習を進めることもできるのです。

高校に進むと、高校から入学する高入生とともに学びます。先取り学習を行っていないため、スタートは同じですが、学年全体をリードして引っ張るのは、例年中学の3年間でしっかりと基礎学力を身につけてきた中入生です。

高2から文系・理系のコース分けがあり、さらに、高3では文系・理系・国公立文系・国公立理系、それぞれ4つのコースに分かれます。生徒が希望する進路

学校生活

伝統の銀杏《いちょう》並木が見守るなか、日大二中生は毎日朗らかな学校生活を送っています。

おおらかで明るい校風

英会話授業

茶道部

銀杏並木

正門

サッカー部

吹奏楽部

ひと回りもふた回りも 大きく成長できる宿泊行事

林間学校

宿泊行事

生徒自身で考える力や、大変なことを乗り越える経験をつむことができる大二中の宿泊行事。中１の林間学校では、登山やハイキングなど、ハードな３泊４日を過ごします。中２では、昨年から臨海学校に代わって体験型の宿泊行事を実施。集大成となる中３では、広島、京都を移動し、全日程で生徒は班別の自主行動となります。

修学旅行

に最適なカリキュラムが各コースで用意され、選択科目も、たとえ希望する生徒が数人であってもきちんと開講します。

生徒にしっかりと進路を考えさせる進路指導

日大以外の難関大学への進学も年々増えている日大二中の進路指導は、「最終的にどの大学・学部を選択するかは生徒の自由」（悉知校長先生）という考えのもとで行われています。生徒は、中1の職業調べから始まり、将来、自分がどんな仕事をしたいのか、そのためにどんな勉強をするのか、どの大学・学部に行くのか、と考えていきます。日大との連携教育も組み込まれており、中3時に日大法学部の協力で行われる模擬裁判員裁判や、中1から3年間とおして参加できる学部見学、どの学年でも参加できる夏の学部説明会などがあります。

その結果、現在の主な進路は、日大への進学が3割強、国公立や早慶上理・MARCHレベルへの進学が3割、学習院大・成蹊大・成城大といった大学への進学が3割となっています。

全力で取り組む学校行事・部活動

日大二中は、学校行事・部活動にも全

力で取り組ませることで人間としての力を育んでいきます。

「3大お泊り学校行事」として各学年で行われる林間学校（中1、標高2500m級の登山）、臨海学校（中2、最終的に3㎞の遠泳）、修学旅行（中3、全日班別自主行動）は、その代表と言えます。臨海学校は、現在は地震・津波などへの対策として、昨年から体験学習を中心とした宿泊行事に代わっていますが、自分たちで考え、大変なことを乗り越えていく姿勢を身につけるという狙いは変わりません。

部活動は、中学で加入率が95%を越え（兼部を含めると100%以上）、高校でも高2まで9割を越えるという高さを誇ります。おおらかな校風のなかで、いわゆる「体育会系」という厳しいクラブはほとんどありませんが、部活動特有と言える縦のつながりや、仲間とともに汗を流す貴重な経験を積むことができます。

朗らかな雰囲気のもと、自分の将来をしっかりと見つめて進路を選びとるための「見える学力」と、社会に出てから活躍するために必要な人間としての力である「見えない学力」とともにバランスよく学ぶことができる日本大学第二中学校です。

学校行事も常に全力の日大二中！

体育大会

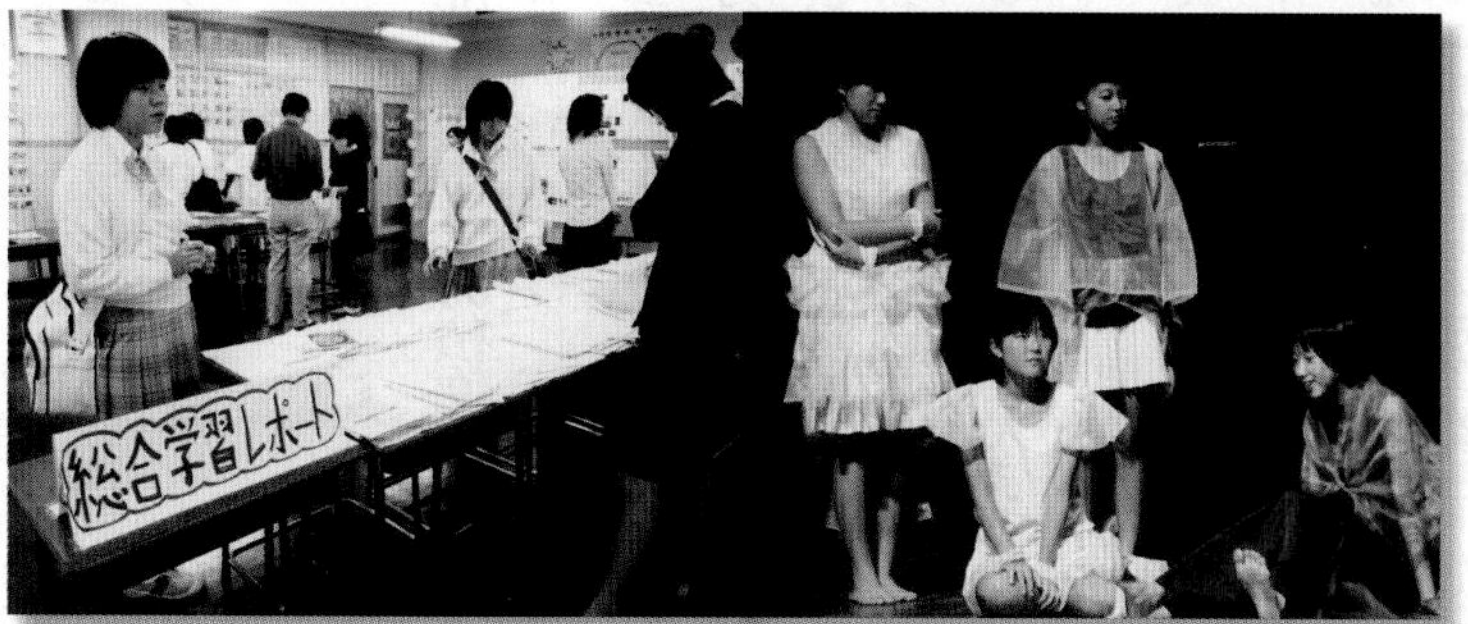

文化祭

文化祭・体育大会

毎年9月に文化祭、10月に体育大会が行われます。文化祭は宿泊行事についての発表やステージ発表が中心となります。体育大会は中学生だけで実施され、クライマックスは全学年の男子が参加する騎馬戦です。

入試情報

平成25年度 入試要項

		2月1日	2月3日
募集人員		男女各80名	男女各40名
出願期間	郵送	1月20日～24日（当日消印有効）	
	窓口	1月28日～30日	1月28日～2月2日
合格発表		2月1日	2月3日
入学手続日時		2月2日・3日	2月4日・5日

筆記試験

4教科（国語・算数・理科・社会）の筆記試験と面接

悉知校長先生からのアドバイス

「最低限の、例えば小学校の教科書に書かれてある内容は理解しておいてほしいと思います。全体としては基本的な出題を心がけていますので、国語であれば漢字や語《ご》彙《い》、算数であれば基本的な計算といったところが解けていれば、ある程度は得点できるのではないでしょうか。それにプラスして、その場で与えられた問題を解く応用力を試すような問題もあります。」

Jissen Joshi Gakuen Junior & Senior High School

実践女子学園 中学校 高等学校

東京 ／ 渋谷区 ／ 女子校

実践女子学園の教育のめざすもの

渋谷駅から徒歩10分、表参道駅から徒歩12分の閑静で緑豊かな文教地区に位置する実践女子学園中学校高等学校。周辺には青山学院、国学院大学、常陸宮邸などがあり、安全で快適な教育環境が保たれています。

実践女子学園の教育の形

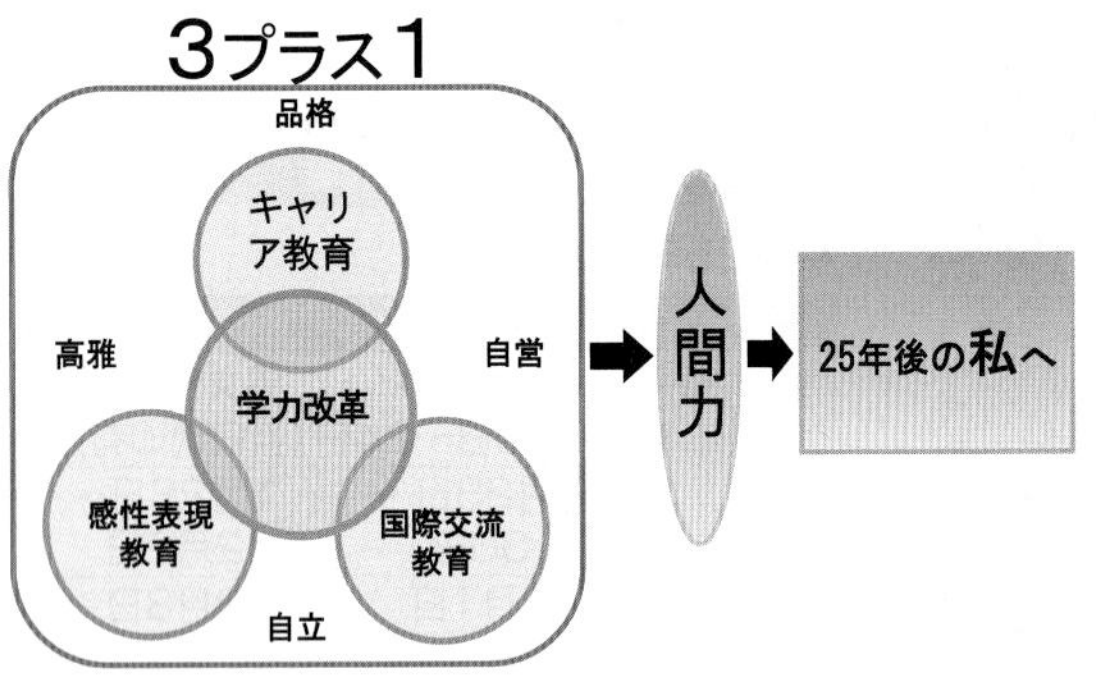

進化する『3プラス1』

実践女子学園が5年前に打ち出し、毎年ブラッシュアップを重ねながら推し進めている『3プラス1』の教育の真の目標は、「女性としての品位と尊厳を保ちながら、その活躍を通して幸福な自己実現を達成し、同時に社会と他者の幸福に寄与していくことができる人物として成長させる」ことにあります。

まだ進化の過程にある『3プラス1』の教育ですが、学力の向上だけにとどまらず、様々な点で、これまでになかった生徒たちの大きな変化が確認されています。

そのひとつとして、学外の様々な機会とプログラムに積極的に取り組むようになってきたことが挙げられます。

外部プログラムへの積極的な挑戦

『3プラス1』の教育による知力と学力の相乗効果は、外部プログラムへ積極的に参加・挑戦する姿勢をもたらしています。

２０１１年11月に国連大学で行われた「第5回全日本高校模擬国連大会」では、ＧＳＣ（グローバルスタディーズクラス）の高1チーム（2名）が優秀賞を受賞し、２０１２年5月にニューヨークで開催された全米大会へ、日本の高校生代表5校の内の1校として派遣されました。

また、以前にもご紹介した「クエストカップ全国大会」でのグランプリ受賞（平成22年度）や2年連続の企業賞受賞（平成22年・23年度）、虚子・こもろ俳句大会で2年連続の学校賞（平成22年・23年度）、神奈川大学全国俳句大賞で2年連続の団体奨励賞受賞（平成22年・23年度）、その他多くの学外プログラムに中学生・高校生ともに挑戦しており、外部の評価を積極的に受けようとする姿勢が受け取れます。

キャリア教育による教育成果

『3プラス1』の教育のひとつの柱が中学1年生から始まるキャリア教育です。毎年高校1年次には、「25年後の世界と私」と題して、自分自身これから社会とどのように係っていくか、どんな貢献ができるかを自らのライフデザインとしてまとめ上げます。この過程が将来の夢を実現させるための進路選択に重要な効果を表し始めています。

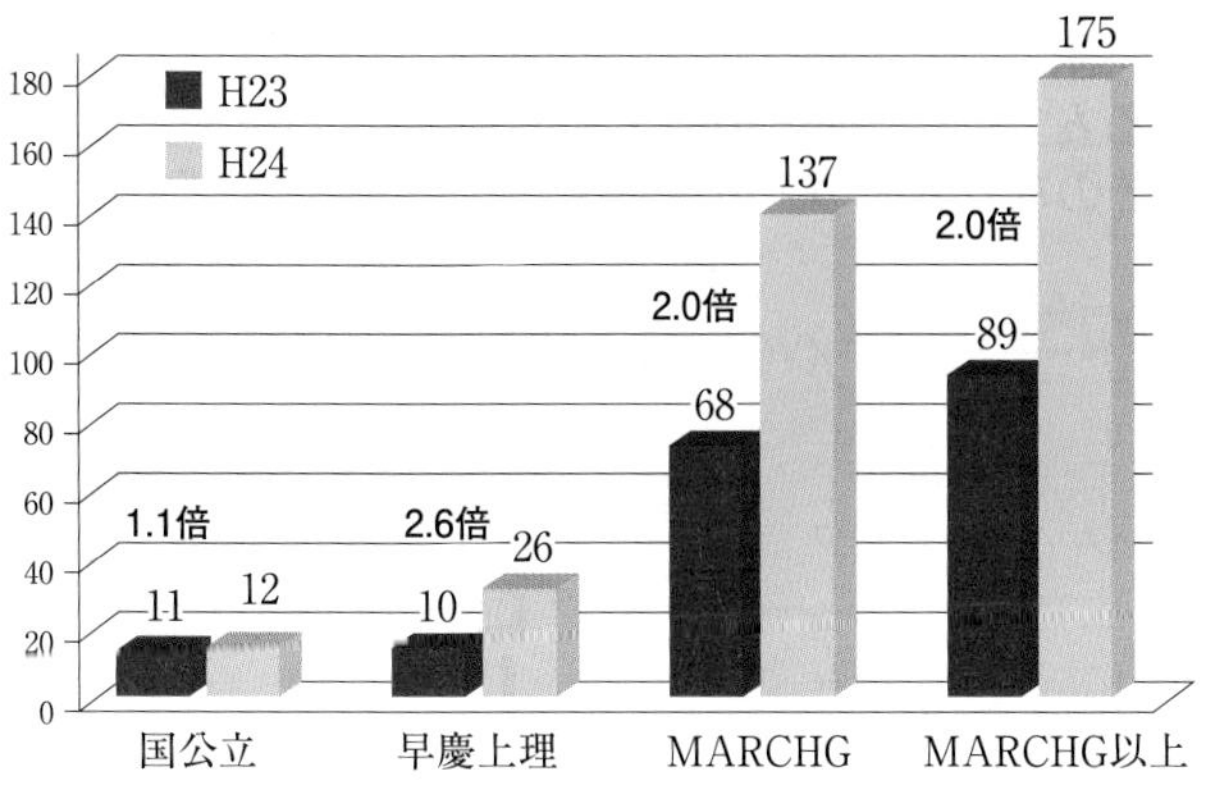

そのひとつとして、現実の社会問題を直視した希望進路の変化です。ここ数年、医療・保険・看護や理・工などの理系学部の増加、社会問題に直結する経済・経営学部の志望者の増加が挙げられます。

さらに、平成24年の大学進学実績をみると、上図のように、ＭＡＲＣＨＧ以上に昨年の2倍近い合格者を出すなど顕著な伸びが確認されます。

嶋野恵子校長のお言葉を借りれば、「学校がめざす進学実績を目標とするのではなく、生徒が望む進学実績を挙げることを目標にする」そんな学力改革『3プラス1』が少しずつ実を結び始めている証拠ではないでしょうか。

選べる2つのクラス

実践女子学園は、進路選択の多様化に適応するために「ＳＪＣ（スタンダード実践クラス）」と「ＧＳＣ（グローバルスタディーズクラス）」の2つのクラスを設けています。

「ＳＪＣ」には1学年約２４０名の生徒が在籍しており、1世紀を越える女子教育の伝統を継承しつつ、つねに革新を続ける実践女子学園の教育の中核を担う中高一貫学習プログラムを行っています。

特に、中1、2を基礎期、中3、高1を充実期、高2、3を発展期とする、6ヶ年を3つのタームに分けたプログラムにより、体力・学力・知力の成長に合わせた効果的な指導を実現しています。

「ＧＳＣ」は「英語で学ぶ」ハイレベルな英語教育を行う先進的な国際学級であるため、中学入学時にすでに英検4級同等以上の英語力を有していることが必要です。

そして、海外大学の授業に通用する英語力を身につけ、その英語力を生かして世界を舞台に活躍できる、真の国際人育成をめざした指導を行います。

入学時の各生徒の学習履歴に応じ、国語、英語、数学の少人数・レベル別授業を行い、細かく対応するように配慮されています。

また、中学3年間必修の中国語の授業は学園と中国との歴史的な繋がりを感じさせます。

生徒の母港としての学園の創造

今後の学園の計画として、『3プラス1』の集大成である「25年後の世界と私」を確認するために、就職や結婚といった人生のターニングポイントに、いつでも帰って来られる母港としての役割を果たしていきたいと考えています。具体的プログラムとして、「成人式」「企業研究会」「30歳の集い」など、多彩なアイデアが上げられています。

実践女子学園への進学は、希望進路実現の教育を受けることだけでなく、様々な学園の取り組みを通じて、女性としての価値ある成長を獲得できることでもあります。

実践女子学園
中学校高等学校
Jissen Joshi Gakuen
Junior&Senior High School

〒150-0011
東京都渋谷区東1-1-11

TEL.03-3409-1771

FAX.03-3409-1728

《学校説明会》
10月13日(土)　13:00～15:30
11月９日(金)　18:30～19:30
12月15日(土)　10:00～12:30
1月12日(土)　10:30～12:30

《ときわ祭》
10月27日(土)・28日(日)
※両日とも進学相談室を開設

共立女子の楽しい体験授業

6月16日に開催されたオープンキャンパスは、あいにくの雨にもかかわらず、約2000名が詰めかけました。
恒例の授業見学や部活動見学はもちろん、大人気の体験授業も10種類にパワーアップ。
今回はそのなかから4つの授業について取り上げました。

この1校!

共立女子中学校

東 京　千代田区　女子校

KYORITSU GIRLS' Junior High School

理科「ちょっと変わったモーターをつくろう」

（桑子教諭）

①授業内容とねらい

モーターというと、クリップモーターが一般的ですが、今回は一風変わったアルミ箔・電池・磁石・画鋲でつくる「ファラデーモーター」に挑戦しました。

磁石と電池によってつくられる電磁気力は中学校に入ってからもなかなか身近に感じられない悩ましい分野です。この実験をとおして、電磁気力という不思議な力について小学校のうちから体感することは、後に理解する上で大きな意味があると考えて行いました。

②受講者の反応や先生のご感想

モーターの土台部分の作成は難しくありませんが、上に乗せる回転部分のアルミ箔づくりに苦労をしているようでした。しかし中学科学部の生徒が受講者一人ひとりについて対応をしていたため、受講者の多くが最後には成功をしていました。回転が始まると受講者は笑顔になり、また後ろに座っていた保護者も身を乗りだして見ていたのが印象的です。

科学部の生徒と事前の実験や準備を入念に行ったこともあり、大成功に終わりました。授業終了後に生徒に感想を聞いたところ、受講生の笑顔を見られてうれしかったとのことです。

理科「バルーンスライムをつくろう」

（高梨教諭）

①授業内容とねらい

洗濯のり（PVA）とほう砂を使って、スライムをつくりました。スライムづくりは、定番の化学実験ですが、高校では、化学Ⅱの高分子という分野の学習になります。ねらいとしては、化学は目に見えない物質を研究してきた学問なので、難しいことは考えず、楽しみながら目に見えない分子を感じてもらえたらという考えでこの内容にしました。

②受講者の反応や先生のご感想

実験操作はとても簡単なので、受講者で戸惑う人はいませんでした。また、中学科学部の生徒にお手伝いをしてもらいましたので失敗することなくスムーズに実験を行うことができました。洗濯のりがだんだんスライムに変わっていくときは、どの受講者も楽しそうで、反応はとてもよかったです。うれしそうにスライムを持って帰ってくれました。この実験をきっかけに、いろいろな化学物質に興味を持ってもらえたらいいなと思いました。

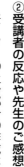

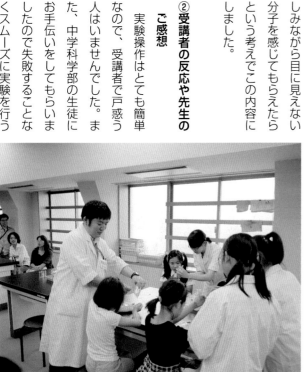

School data!

共立女子中学校
KYORITSU GIRLS' Junior High School
所在地■東京都千代田区一ツ橋2-2-1
アクセス■都営三田線・新宿線・地下鉄半蔵門線「神保町」徒歩３分、地下鉄東西線「竹橋」徒歩５分、JR線「水道橋」徒歩15分
生徒数■女子のみ993名　電話■03-3237-2744

【質問内容】
①授業内容とねらい
②受講者の反応や先生のご感想

国語「いざ、競技かるた！」

（宮崎教諭）（間教諭）

①授業内容とねらい

体験授業は、共立生の「競技かるた」のデモンストレーションを見たあとで、「かるた」の歴史を学び、「競技かるた」の実戦をするという流れで行いました。

国語の授業では中学1年時から「百人一首」を扱い、授業内で「競技かるた」に触れています。早く取るための工夫や、札を早く取れた時の気持ちよさ、充実感、また、礼を重んじる競技性など、精神的に大きな成長が見られるものでもあります。

共立の「礼法」の授業で身につけた、畳に手をついての礼で始める「競技かるた」の雰囲気は、見ている人の背筋が自然と伸び、身が引き締まるものでもあります。礼の仕方、競技に取り組む姿勢など、元気な印象のある共立生のまた違った一面をご覧いただけたら幸いです。

②受講者の反応や先生のご感想

受講生には短い時間のなかで札を覚えてもらいましたが、覚えた札を一生懸命狙い、その姿を保護者の方が応援するという、和やかななかにも緊張感のあるとてもよい雰囲気で行うことができました。共立生から何枚も札を取る経験者もいて、競技も盛りあがりました。共立生の礼をまじまじと見つめている受講生の姿がとても印象的でした。

華道講座「活け花入門」

（華道講座の先生方）（真鍋教諭）

①華道講座とは

本校では生徒の幅広い教養と豊かな情操の育成のため、部活動と兼部できる華道講座を開設しています。講座は、池坊・小原流・古流・草月流に分かれ、生徒たちの自由選択のもと、それぞれ外部から講師の先生をお迎えして水曜日に活動しています。中高6年間続ける生徒も少なくありません。

体験講座では、華道の先生にじかに指導していただくことで、お花を活けることの楽しさを味わってほしいと思っています。

②受講者の反応や先生のご感想

まず、各流派とも、お花を活けるにあたっての簡単なレクチャーを行い、その後、先生が傍らで見守るなか、実際にお花を活けてみました。ピンクのカーネーション等を用い、それぞれとてもかわいらしく活けることができました。

終了後にはお花のお土産をもらって、みんな、満足そうな表情を浮かべながら帰っていきました。講師の先生方も、また来年も講座を開設したいと意欲的におっしゃってくださいました。

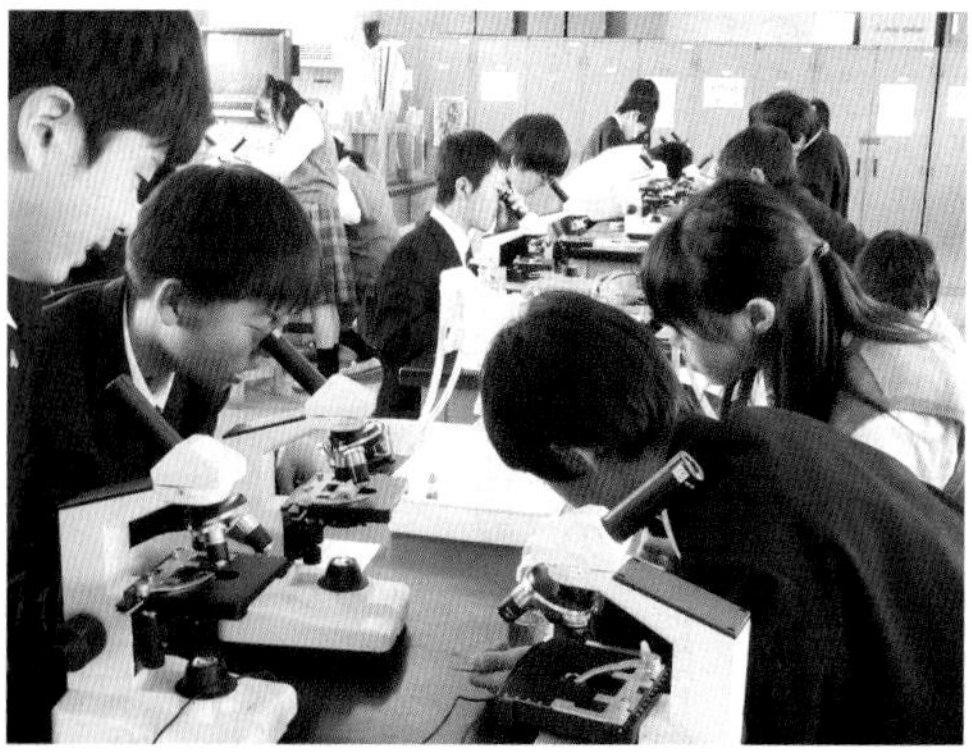

東京都立三鷹中等教育学校

思いやり
人間愛を持った
社会的リーダーを育成

2010年に産声をあげた三鷹中等教育学校は
3年目を迎え、前期課程の3学年がそろいました。
特色ある教科・科目や「人生設計学」などの
独自カリキュラムを展開し、
世界で通用するリーダーを育成します。

高い目標を持って努力する生徒を育成

東京都立三鷹中等教育学校は「思いやり・人間愛（ヒューマニティ）を持った社会的リーダーの育成」を基本理念に掲げ、2010年に開校しました。今年で3年が経ち、前期課程の3学年がそろっています。それに伴い、母体校である三鷹高等学校は今年度、最後の入学生を迎えています。

三鷹高校の校風である「文武両道」「自主自立」を受け継ぎ、中等教育学校でも勉強と部活動の両立を目指して限界までチャレンジする、自主的・意欲的に勉強するという高い目標を持って最後まで努力する生徒を育成しています。

仙田《せんだ》 直人《なおと》 校長先生

「高い志を持ち続け少し背伸びをしてでも最後までチャレンジしてほしいです」

三鷹独自の「人生設計学」

三鷹中等教育は3学期制の週5日制（月2回程度土曜授業あり）、50分授業です。高校募集はありません。

中1から数学と英語で習熟度別授業が2クラス・3展開で行われています。数学は学期ごとのテストの結果によりクラス替えが行われます。5年生（高2）まで理系と文系のコース分けは行われず、多様な分野を幅広く学習していきます。

また、今年度から生徒の学力保障として「三鷹スタンダード」という基準を設けました。これは、生徒の習熟度によって目標を段階別に設定したもので、生徒の学習到達度が判断できます。

そのほか、ひとり100冊以上を目標にした読書マラソンが実施され、読解力と高い見識を育んでいます。

三鷹中等教育には「人生設計学」という独自の総合学習の時間があります。これは、大学に入ることをゴールにするのではなく、その先にある人と人との生き方、あり方を6年間で探求していき、個々の進路実現につなげていくものです。ボランティア活動や職場体験などの活動を通じて、リーダーとしての資質を養い、職業観や勤労観を育成するキャリア教育を行っています。

「人生設計学」では、学年に応じたステージに分かれ、それぞれのステージごとに「思いやり・人間愛」「キャリア教育」「課題学習」の3本柱にそったプログラムが用意されています。近隣の天文台や大学、その他数多くある研究期間などと連携しながら、本物を見て、触れたり、体験することで大学や社会を知っていきます。各ステージごとにまとめの論文を作成し、発表することでプレゼンテーション能力を養っていきます。

この人生設計学について仙田校長先生は、「我が校では机上の空論だけで物事を決めてしまうことがないように、職業現場を体験したうえで、生徒に『もし社会的リーダーだったら、職場見学や職場体験を経験して、どのようなリーダーになるか』という、一歩踏み込んで考える論文を生徒に書いてもらいます。このほかにも校外学習などで、自分たちがどうすれば問題を解決できるのか、振り返りの学習を行うことによって社会的なリーダーを目指す、キャリア教育も展開しています」と説明されています。

横断的に学習する特色ある教育活動

三鷹中等教育には、「文化科学Ⅰ（国語）・Ⅱ（公民）」「文化一般（芸術）」「自然科学Ⅰ（数学）・Ⅱ（理科）」という、ひとつの教科に限定することなく横断的に学習する時間が設けられています。

「文化科学Ⅰ（国語）」では読解力、表現力、コミュニケーション能力の基礎を養い、日常生活や読書活動を材料にスピーチを行います。「文化科学Ⅱ（公民）」で社会的な事象に対する客観的、公正的な考え方を学び、「文化一般（芸術）」では芸術についての基礎的な技能や表現力を学び、情操教育を行います。「自然科学Ⅰ（数学）」で論理的思考力とそれを表現する力を強化し、「自然科学Ⅱ（理科）」で、実験や観察などの自然を活用したフィールドワークをとおして、自然環境への興味・関心を高めます。

新規開校4校の連携ともうすぐ完成の新校舎

三鷹中等教育と同じく2010年に中高一貫校として開校した富士高等学校附属中、大泉高等学校附属中、南多摩中等教育学校と三鷹中等教育学校の4校で合同行事が行われています。百人一首合戦やバスケットボール大会などが開催され、今後もスピーチコンテストなどが予定されており、他校生との交流が盛んに行われています。また、部活動でも4校対抗での「4校戦」などが考えられています。

学習環境の整備も進められています。新校舎の北棟が今年の8月に完成しました。また、武道場、駐輪場、天窓がついた図書室なども同時にできあがります。

その後、グラウンド改修工事に入り、今年度末にはその工事も終わる予定になっています。ほかにも、多目的教室や弓道場も新設され、新しくきれいな教室で学習ができるようになります。

仙田校長先生に、三鷹中等教育を志望する生徒にメッセージをいただきました。

「適性検査に関しては、出された問題に対して、正対した意見を述べることができるようになってください。また、自分でまとめられる力、幅広く考えることができる力を身につけて、挑んでもらいたいです。

そして、思いやりを持って、リーダーとしてがんばっていきたいという志を持った生徒に、ぜひ受検してもらいたいですね」

学校プロフィール

開　校：2010年4月
所在地：東京都三鷹市新川6-21-21
アクセス：JR中央線「三鷹」・「吉祥寺」、京王線「調布」・「仙川」バス
生徒数：男子236名、女子242名
T E L：0422-46-4181
H　P：http://www.mitakachuto-e.metro.tokyo.jp/

2012年度 入試情報

募集区分

一般枠

募集定員

160名（男子80名、女子80名）

検査期日・受検者数

2月3日（金）
男子545名、女子518名、計1,063名

合格者数

男子80名、女子80名

検査内容

報告書、適性検査Ⅰ（45分）、
適性検査Ⅱ（45分）

適性検査の傾向

適性検査Ⅰ
（100点満点→換算後500点満点）
課題や資料の内容を正しく分析し、理論的に思考・判断し、問題を解決していく力を見ます。

適性検査Ⅱ
（100点満点→換算後300点満点）
文章を深く読み取り、相手の立場に立って考えるとともに、わかりやすく伝える表現力をみます。

Yamawaki Renaissance

躍進！山脇ルネサンス

最高品質の教育施設をつくり、最高水準の教育を行います。

躍進する山脇ルネサンス

創立より109年受け継がれてきた、「女性の本質を磨き、いつの時代にも適応できる教養高き女性の育成」という建学の精神を見つめなおし、現代という時代の要請に耳を傾け、未来の100年に向けて新たに構築された「山脇ルネサンス」。

女性が現代社会で活躍するための4つの力「自己知・社会知」「学力」「自己啓発力」「協働力」の育成を教育目標に掲げ、これらを有機的に育む様々な教育プログラムと、これを実現する新しい施設の利用が次々とスタートしています。

学力上の個性を育む2つのアイランドと教育プログラム

英語圏の文化を感じさせる特別な空間にネイティブが常駐し、まるで留学して学んでいるような英語コミュニケーション施設「イングリッシュアイランド（EI）」。中学ではこのEIを利用して、「イングリッシュアイランド・ステイ」という英語コミュニケーションの授業を展開しています。

生徒たちは毎時間、ゲームやグループワークをしたり、英語でプレゼンテーションするなどの授業を通して、生きた英語を楽しく身につけています。放課後にはEIは開放され、ネイティブとの交流や様々なイベントを実施しています。

2013年度より、このEIで中3希望者を対象に「英語チャレンジプログラム」が実施されます。英語コミュニケーション能力をさらに高めたい生徒や、語学系・国際系への志を育てるHRクラスをEIの中に設置します。通常の授業以外の日常生活をなるべく英語を使って過ごし、英会話力を飛躍的に向上させるプログラムで、イギリス語学研修旅行も実施します。

また、充実した実験装置を備えた化学・生物・物理実験室のほか、屋外に水田・実験植物園・実験池などが整備された、科学的探究スペース「サイエンスアイランド（SI）」。ここで行われている週1時間の「サイエンティスト」の授業では、様々な実験を行いながら、楽しさの中で科学的なものの見方・実験の手法などを身につけていきます。

今年はさらに旧短大の所有していた本格的な実験器具を備えた、生物・化学系の2つの継続実験室が完成しました。ここでは「英語チャレンジプログラム」と同様に、2013年度より中3希望者を対象に「科学的探究プログラム」が実施されます。SI内にホームルームを設置し、参加生徒はSIの管理運営の中心的な役割を果たすと共に、グループごとに定めた研究テーマを深める研究活動や、国からの助成を受け大学の先生のご協力を得て行うSSP（サイエンスパートナーシッププ

山脇学園中学校・高等学校

YAMAWAKI GAKUEN Junior High School

ロジェクト）などを実践します。

また、西表島での野生生物調査隊活動にも参加します。これらの活動を通し、自分の適性を知り研究職や医療系への志を育てます。

これら2つのアイランドは、生徒の興味関心を引き出し、学力上の個性を育む施設として、今後ますます充実した教育プログラムを組んでいきます。

自学館の完成と自学自習力養成プログラム

旧短大が所有していた図書館の広々としたスペースに、今年度「自学館」が誕生しました。進路学習情報センター「志」のエリア、5万冊以上の蔵書を誇る「知」のエリア、自習室ゾーンの「学」のエリアの3つのエリアからなります。「自学館」は生徒が自らの志を立てその実現に向けて努力する場となるよう願ってその名がつけられ、毎日生徒たちは活発に利用しています。放課後は7時まで学習することができます。

また、中2より時間割の中に組み入れられた「自学自習の時間」は生徒達が自ら学ぶ姿勢を育み、学習の方法、時間管理などを身につける時間としてスタートし、今年が2年目となっています。

生涯学び続けるために、自分で課題を見つけ設定し学習を進めていく力を、本校の生徒たちは豊かな環境とプログラムで着実に身につけています。

類型制の教育プログラム

高校では、大学進学力をさらに強化するための新しいプログラム「類型制の教育プログラム」が2年目に入りました。これまで高校1年生から導入していた文理別コース制に加え、文理それぞれのコースをさらに3つの類型に分け、生徒たちの学習達成度に最適なカリキュラムを展開しています。一人ひとりの資質を大学進学に向けて最大限に伸ばすシステムとして、類型ごとの教科教育の研究や、個々に応じた進路指導のサポート体制をますます充実させています。

スクールライフの改革

進路学習面のみならず、生徒が毎日学園での豊かな時間を過ごすためのスクールライフの改革も推進しています。伝統のワンピーススタイルに新しいブレザーやリボンなどのアイテムを加え、素材の見直し等を行う制服の改革、放課後の補習やクラブ活動を充実して行うための放課後活動棟の設置、生徒の憩いの場としての新しいカフェテリアのオープンなどです。旧短大の施設を有効に利用しながらの新校舎建築も、2年後のグランドオープンに向けて着々と進んでいます。

山脇学園へお越しいただき、進化と継承の中で、前向きに生き生きと学園生活を謳歌している生徒達を、是非ご覧いただきたいと思います。

【School Data】

山脇学園中学校・高等学校

所在地	東京都港区赤坂4-10-36
アクセス	地下鉄銀座線・丸ノ内線「赤坂見附」徒歩5分、地下鉄千代田線「赤坂」徒歩7分、地下鉄有楽町線・半蔵門線・南北線「永田町」徒歩10分
TEL	03-3585-3451
URL	http://www.yamawaki.ed.jp/

東農大三中

男女共学
90名募集

究理探新

本物に出会い、
本当にやりたい夢に近づく
6年間。

自分色の未来を創る。

■受験生・保護者対象　説明会・入試模擬体験 等

日　時		説明会〈内容〉	会　場
9月22日（土）	9:30～	第3回説明会 ＜学校概要の説明・生徒募集要項の説明＞	所沢市民文化センターミューズ
10月 6日（土）	10:00～	第4回説明会 ＜学校概要の説明・公開授業＞	本校
11月 6日（火）	10:00～	第5回説明会 ＜生徒募集要項の説明＞	大宮ソニック市民ホール
11月25日（日）	9:30～	入試模擬体験（要予約）＜保護者向け説明会同時開催＞	本校
12月15日（土）	9:30～	第6回説明会 ＜出題傾向と入試情勢分析＞	本校

お問合せ先 TEL 0493-24-4611

東京農業大学第三高等学校附属中学校
〒355-0005 埼玉県東松山市大字松山1400-1
TEL;0493-24-4611
http://www.nodai-3-h.ed.jp

全員集合

部活に注目!

今年、東日本大会に出場した麻布中学校のフラッグフットボール部。フラッグフットボールとはどんなスポーツなのでしょうか。その面白さがどこにあるのかを取材してきました。

麻《あざ》布《ぶ》中学校 フラッグフットボール部

主将 中学3年生 丸岡《まるおか》 晃人《あきと》さん

戦術に終わりがないことが魅力

――フラッグフットボールとはどのような競技ですか。

腰につけたフラッグを取り合う、アメリカンフットボールのようなスポーツです。ルールは似ていますが、フラッグフットボールは接触が禁止で、人数も5対5と少ないです。

中学でフラッグフットボールを経験して、高校ではアメリカンフットボール部に入部する人も多いです。

――どのような活動をしていますか。

週3日、放課後に校庭で活動しています。朝練も週3日あり、試験期間中でも欠かさないよ

麻布中学校〈男子校〉

所在地：東京都港区元麻布2-3-29
アクセス：地下鉄日比谷線「広尾」徒歩10分、都営大江戸線「麻布十番」徒歩12分
電　話：03-3446-6541
U R L：http://www.azabu-jh.ed.jp/

△3年生がゲームを引っ張ります

▽総勢34名、和気あいあいとした雰囲気です

ボールをトスしてプレーが始まります

この日の練習では、先輩対後輩の試合が行われていました

1プレーごとに作戦を話し合います

Flag Football Club

うにしています。

練習では、基本的な体力づくりから、試合形式の練習も行います。

顧問の先生が掲げた「スポーツは楽しくやる」という教えのもと、学年ごとにチームをつくり、全員に活躍の場を設けています。

今年で創部10周年、今まで4回、東日本大会（昨年までは関東大会）に出場しています。年に2回ある大会のうち、6月の東日本大会では、あと1歩で全国大会というところで敗退してしまいました。

現在は、次の11月に行われる大会に向けて練習中です。

――フラッグフットボールの魅力を教えてください。

ほかのスポーツと違い、フラッグフットボールは攻撃ごとにプレーが1回1回止まっていくので、フォーメーションや戦術がとても大事なんです。相手との駆け引きがあり、奥深いスポーツです。

戦術も全て自分たちで考えます。先輩方から代々受け継がれているプレーブックがあり、自分たちで試しては変え、また研究して、何回も書き直して後輩に伝えていきます。

このスポーツを理解すればするほど、いろいろなプレーができるんです。

――部員同士の関係はどうですか。

みんな親しいですが、後輩は先輩への敬意を忘ないという伝統があります。

――来年、入学してくる後輩にメッセージをお願いします。

学校に行って勉強するだけではもったいないと思います。フラッグフットボールにはいろいろな役割があるので、どんな人でもどこかしらに自分の役割を担う機会があります。戦術が決まり、タッチダウンできたときの喜びは格別です。

運動に慣れていない人でも、フラッグフットボールで運動を好きになってもらいたいと思います。

フラッグを腰につけます

「わたし」から「ゆるぎない私」へ

トキワ松学園では、自己表現力を高めることに力を入れています。
自ら課題を見つけ、学び、表現し、解決するところまで…。
育てるのは、「ゆるぎない私」です。

TOKIWAMATSU

2013年度入試・学校説明会予定

＊ＨＰまたは電話にてご予約ください。
＊各回個別相談、校内見学があります。

■学校説明会

9月15日(土)14：00～生徒が語るトキワ松
10月19日(金)19：00～ミニ説明会・校舎見学会
11月 9日(金)10：30～授業見学できます
11月29日(木)10：30～授業見学できます
12月23日(日)14：00～入試体験教室あります
1月12日(土)14：00～算数勉強教室あります

■文化祭

9月29日(土)30日(日)
＊個別相談コーナーがあります。

☆随時学校見学をお受けしています。事前にお電話ください。

「トキログ！」で学園の様子がご覧になれます。

トキワ松学園
中学校高等学校

●東急東横線「都立大学駅」より徒歩8分
●JR山手線「目黒駅」よりバス12分・碑文谷警察署より徒歩1分

〒152-0003　東京都目黒区碑文谷 4-17-16
tel.03-3713-8161　fax.03-3793-2562
●ホームページアドレス　http://www.tokiwamatsu.ac.jp

ココロと
カラダの特集

身体の成長が著しい小学生。
心のなかも、さまざまに揺れながら伸びようとしています。
ついつい大人の目で見てしまいがちな子どもたちのココロとカラダ。
ちょっと立ち止まってゆったり向かい合ってみませんか。

写真◉越間有紀子

ココロとカラダの特集

特集1

子どもの自立心をどう育てればいいか

子どもが育っていく上で自立心を持っていることはとても大事です。しかし、この自立心は反抗心と混同されがちです。単なる反抗心を持っていても自立にはつながりません。本当の意味での自立心とはどんなものか、またそれをどう育てればいいか、臨床心理学者の蓮見将敏さんに話していただきました。

写真◉越間有紀子

蓮見将敏 はすみ・まさとし
大学院博士課程修了後、児童相談所や心療内科クリニックのカウンセラーを経て、現在、杉野服飾大学教授。神奈川県スクールカウンセラー、横浜市スクールスーパーバイザー兼務。

自立心とは、自分で考え、判断し、決定し、行動しようとする気持ちのことです。言い方を変えると、自ら学んで、自ら考えようとすることでもあります。

子どもは生理的な離乳を経て3歳頃から第一次反抗期を迎え、自分を主張しはじめます。次に自我（自分なりの気持ち）の芽生えと共に精神的な親離れをするのが、小学校の高学年から始まる第二次反抗期です。この自我の芽生えは、個人差がありますが、男の子よりも女の子の方が2年ほど早く訪れます。

この第二次反抗期は子どもが反抗的になる時期ではありますが、一方で子どもの自立心が育ちはじまるときでもあります。ですから、こどもの反抗心と自

自立心に欠かせない3つの姿勢

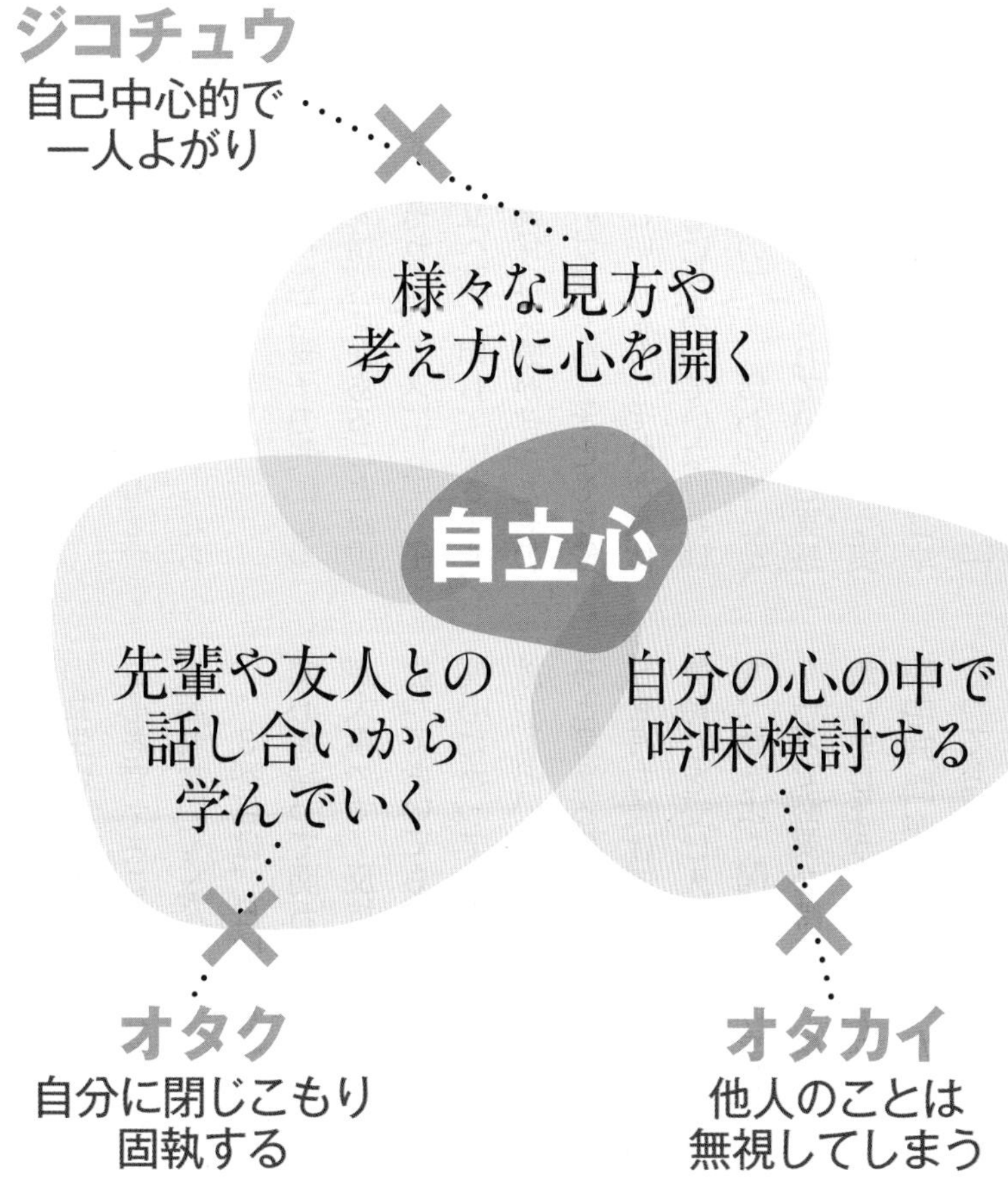

立心は一見、区別がつきにくいのです。しかし、単なる反抗心と成長につながる自立心とは明らかな違いがあります。そこのところを親は、まず理解することが重要です。

「ジコチュウ」「オタク」「オタカイ」という言葉があります。「ジコチュウ」は自己中心的で一人よがりな態度や行動をすることです。「オタク」は自分に閉じこもり、自分だけに固執する態度や行動をすること、「オタカイ」は他人のことは無視して一人でなんでもやってしまう態度や行動をすることです。

単なる反抗ではなく自立につながる姿勢

いずれも相手の態度や行動を非難するときに使われる言葉ですが、この「ジコチュウ」「オタク」「オタカイ」という態度や行動は、反抗期の子どもに見られがちなものです。

「ジコチュウ」「オタク」「オタカイ」は自我の発達にともなう反抗心の現れといえます。しかし、これが自立心の現れであると考えるのは間違いです。「ジコチュウ」「オタク」「オタカイ」という態度や行動は自立にはつながりません。

では、単なる反抗ではなく自立につながる態度や行動とはどういうものなのでしょうか。

一見、反抗しているように見えて、自立心には以下の3つの姿勢が隠されています。この姿勢は自立心に欠かせないものです。この姿勢が子どもの一見、反抗的な態度のなかに垣間みることができるかどうかが、重要なポイントです。

ひとつには、様々な見方や考え方に心を開こうとする姿勢があるかどうかです。自分の考え方を強く主張していても、一方で違う考え方を知ろうとしたり、聞こうとしたりする態度が見られるようでしたら、単なる反抗心でないといえます。

次に先輩や友人との話し合いを通じて学んでいこうとする姿勢があるかどうかです。自分に中に閉じこもるのではなく、人とのつながりを求める態度が自立心には必要です。この先輩のなかには、親や教師も含まれます。

3つ目は自分の心の中でじっくり考える姿勢があるかどうかです。この考えるというのは、自分よがりに判断するということではありません。様々なことを踏まえて、吟味検討する態度が大事です。

自分以外のものから学ぼうという気持ち

こうした3つの姿勢をもって、自分が一番納得できるものを求めていく。それが自立心というものなのです。

自我が強くなれば、自分以外の

ものを否定する気持ちも強くなります。そこに反抗心が生まれてくるのです。しかし、それだけでなく、自分以外のものからも学ぼうという気持ちがあってこそ、自立心なのです。子どもが単に反抗しているだけなのか、それとも自立心が育ちつつあるのか、親はそこのところを見極めなければいけません。

親子にしっかりした愛情関係があること

それでは、子どもの自立心を育てるためには具体的にどうしたらいいのでしょうか。

1）まず最初には親子の間にしっかりした愛情関係があることが重要です。それをベースにして、子どもは自立へ踏み出していきます。この愛情関係は実感が伴ったものでないといけません。子どもを愛しているといっても、それが具体的に子どもに伝わっていなければ意味がないのです。伝わってこそ、子どもは親に愛されていると実感することができます。そういう実感がなければ、親子で一緒に食卓を囲むことから始めましょう。一緒に食事をしながら、親子の会話を大事にします。小学生の間は、まだ間に合います。子どもは親との会話を通じて、愛情を感じ取っていきます。

2）つぎには身体的なことも重要です。自立心は精神的なものだと考えられがちですが、実は、身体的な成熟が進まないと、自立心も育ちません。身体的な面を考えると、一番大事なのが食生活です。栄養のバランスよく、三食しっかり食べて、偏食をしない、間食をさける。これが基本です。子どもの食生活を充実させることが、自立心を育てることにつながることを忘れないでください。

3）3番目は、日頃から子どもに関心を持って関わってあげることが大事です。反抗期だから、もう放っておいてもいいだろうと、無関心になってしまうのはダメです。放っておいた方が子どもは自立すると考えるのは間違いです。関わりを持ち続けて、子どもの親への気持ちを受け入れることが大事です。話をよく聞いてあげましょう。

一方で必要な時には、厳しく注意しましょう。マナーを守らない、帰宅時間が遅いといったことを放っておいてはいけません。注意した上で、その後の子どもの行動をしっかり見守ることも重要です。親の考えばかりを押しつける権威主義はよくありません。反対に子どもの考えを受け入れるばかりの寛大な態度もダメなのです。日頃は受け入れ、時には厳しくというバランスが重要になります。

4）次には、子どもにやり続ける姿勢を持たせることです。一時的なその場限りの好奇心や意欲で何かをするのではなく、「やり続けたいことは何か、なぜそれをやり続けたいか」を考えさせてください。物事に対して、やり続けようという課題意識をもって取り組むことによって、自立心は育ちます。

子どもが自分とは生き方が違うのを喜ぶ

5）3番目で述べたように子どもに対して関心を持っていることは大事ですが、徐々に干渉を少なくして、子どもに自分自身で考えさせるようにしてください。「ああしなさい、こうしなさい」というのはやめて、自分でやらせることが重要です。指示を待ってばかり、マニュアルに頼ってばかりという子どもでは困ります。自分自身でやろうとすることによって、自分がどの程度できるかを判断する自己評価の力や自分で計画を立てて実行していくといった自己統制の力が身についていきます。それが自立につながります。

6）自分の実感や本音を大事にして、自分自身に正直になることを教えてください。「わからないこ

自立心を育てるための9つのポイント

1 親子の間にしっかりした愛情関係を作る

2 食生活を充実させ、身体の成熟を図る

3 子どもを放っておかず気持ちを受け入れ、ときには厳しく

4 子どもに課題意識を持ってやり続ける姿勢を持たせる

5 干渉を徐々に少なくして自己評価、自己統制させる

6 自分に正直に、自分の実感、本音を大事にさせる

7 「なぜなのか」という追求心を持ち続けさせる

8 意見を言い合い、励まし合う友人を持たせる

9 子どもは親とは違った人格であることを認める

とは、わからい」と素直に認める姿勢が大事です。それを、わかったふりをしたり、中途半端にわかった気になったりしてはダメです。自分をごまかすようでは、自ら学び、自ら考えるという態度は生まれてきません。自分に正直になり、本当の自分と付き合うことによって、自立心は育っていきます。

7）「なぜなのか」という追求心を持ち続けることも大事です。追求心を持って考え続けることが、自立につながるのです。例えば「算数ってなぜ必要なの」と言い出す子どもがいます。そのときは、「いまはわからなくても、わかる時が来るから、なぜなのか考え続けなさい」と言ってください。いまはわからないことでも考え続ける姿勢を持たせることが必要です。

8）「友だちとは仲良くしてね」とか「友だちとけんかするのはよくない」と言いがちですが、自立心を育てるうえでは、叱咤激励する友人関係が必要です。ときにはけんかすることがあっても、意見を言い合える友人を持つことが大事なのです。お互いに励まし合うことができ、悪いところをしっかりダメと言ってくれる友人は自立の助けになります。まずは、家庭の中でもそれを実現しましょう。親子がしっかり意見を言い合うことができる雰囲気が重要です。そのためには、親が意見を押し付けるだけではダメです。子どもにも、親に対してしっかり意見を言わせてください。

9）最後になりますが、子どもは親とは違った人格であり、親とは違った考え方、生き方をするものであることを認めてください。子どもが独立して、自分とは違った生き方をしていくのは、心の中では寂しく感じるかもしれません。しかし、それを喜ぶ姿勢を親が持っていることが、子どもに自立をうながすことになるのです。

特集2

心配しなくていい子どもの「チック症」

ひんぱんにまばたきしたり、しきりに首をクッとふったり。
こんな様子が子どもに見られると、
おかしなクセが出てきたとつい注意したくなるかもしれません。
でも、それはクセではなく、「チック症」という病気の可能性が大。
病気だと言われると心配になります。
それはどんな病気なのか、対応も含めて専門の先生に聞きました。

文◉深津チヅ子　イラスト◉土田菜摘

テレビを見たりゲームをすると何度もパチパチとまばたきをするので心配になり声をかけると、目が痛いわけでもなく、本人はまったくまばたきに気づいていなかった――そんなことから、お母さんは「異変」に気づくことが多いようです。やろうとしているわけではないのに、突然、体の一部がピクッと動いて、何度も繰り返す。これがチック症です。

「異変」と言いましたが、じつはチック症はとてもありふれた病気。チックに詳しい東京医科大学小児科教授の星加明徳先生によれば、「子どもの1割がチックを経験するといわれ、多いのは5歳～10歳前後にかけて。特に男子に多い傾向が見られます」とのこと。

大半は一過性で1年以内に消える

チック症の出方はじつに多彩です。まばたきや首をふるなどが最も典型的な例ですが、ほかにも、口のまわりをなめる、顔をしかめる、肩をすくめる、手がビクッと動くなどの形で現れることもあります。これらはどれも身体の一部が動くので、とくに「運動性チック」と言います。

一方、音が出てしまうチックもあります。「ン、ン」と軽く咳払いをしたり、「クン」と鼻をすすったり。こちらは「音声チック」と言い、タイプによっては「バカ、バカ」などと具体的な言葉で繰り返し悪態を口走ってしまい、意識的にやっているのではないかと誤解を受けることも。

大半は一過性で、9割以上が1年以内に消えてしまいますが、まれに異なるチックが次々と現れたり、1年以上続いて慢性化することもあります。いくつもチックが現れるときは、顔から始まり、首、肩、手、体、足の順に下方に向かうのもチック症の特性です。石原都知事がひんぱんに顔をしかめたり、ビートたけしさんが肩をカクッとさせるのは、慢性化したチックの例ですね。

さらに、複数の運動性チックに音声チックが加わって1年以上にわたって続くタイプもあり、これは「トゥレッ

ト症候群」と呼ばれてチック症の中でも重いものですが、発症率は、500〜1000人に1人と、多くはありません。

　このようなチックはなぜ起きるのでしょうか。星加先生は原因について次のように説明します。

「かつては心の病、心因的なものといわれましたが、現在は、生まれつきの脳の働きの偏りが原因であることが証明されています。子どもの脳は発達段階にあるために一時的にバランスを崩して、神経伝達に不具合が生じているのです。

　ですから、成長とともに脳機能のバランスが保たれるようになれば、とくに治療をしなくても、たいていは消えていき、トゥレット症候群の場合でも、15歳くらいまでには消えるか軽くなって、せいぜいまばたきやせき払いが残る程度になります」

　そうは言っても、ひんぱんな動きがあれば親としては心配になりますが、はたで見るほど本人は気にしていないし、動き疲れてグッタリするということもありません。後遺症などもまったくないので、自然に症状が消えていくのを待てばよく、病院に行っても治療はなされないのが一般的です。ただ、生活に支障があるとか、大事な試験や式典の間は抑えたいというような場合は、薬を使って抑えることもできるので、小児科を受診し相談するといいでしょう。

「薬を飲めば3日くらいで効果が表れます」（星加先生）

特別視することなく、見守るのがベスト

　心因的な原因とされていた時代は、親の過干渉や不安に問題があるかのように言われて、苦しむお母さんがたくさんいました。しかし、チック症は育て方のせいで起きるものではありません。子どもの性格や精神力も関係ありません。もちろん学力に影響するようなこともありません。

　大切なのは、周囲が正しく理解して特別視しないことです。目立つ動きがあると、つい「やめなさい！」とか「ほら、また！」と注意してしまいがちです。すると、「そこに意識が集中してむしろ増やしてしまうことが多い」と星加先生は指摘します。

　チックが原因で学校でいじめられたり、つらい思いをするのではないかとの心配もあるでしょうが、先生の経験ではまずないとのことです。

「子どもは適応性があるので、周囲の子どもは、そういうものだとすぐに慣れてしまうようです」

　またチックは、ピアノの発表会のようにストレスがかかる場面で強く出ることもありますが、逆にゲームをしたりディズニーランドに行くなど楽しい興奮でも出ることがあって、感情の変化が引き金になると考えられています。そのため、軽い緊張状態が続く学校では、感情の波が少ないせいか、家で見るほどひんぱんではなく、気づかれないことも多いようです。心配なら、先生に「チックがありますが、他の子と同じように接してください」とお願いしておくといいでしょう。

　やめなさいと言われてもやめられないのがチックです。ここを忘れることなく、「温かく無視する」のがベスト対応といえるでしょう。

子どもの本の世界

さかさまにするだけの しかけのないしかけ絵本

正面だけではなく、本を逆にすると、あれれ、違う絵が登場してしまう。世の中も、普通に見ていたらつまらない。いろいろな見方をすれば、発想に柔軟性が生まれ、世界が広がる！

伊藤文人

［グラフィックデザイナー・イラストレーター］

構成◉橋爪玲子

「だまし絵」や「さかさ絵」といった絵が、僕の作品づくりの軸になっています。

「だまし絵」というのは、一枚の絵なのに、よく見ると複数のテーマが描かれているものです。人の顔なのに目や鼻のパーツが動物だったり、若い女性と老婆が同時に描かれていたり。

「さかさ絵」というのは、一枚の絵が、ひっくり返したら別の絵になる絵のことです。「だまし絵」も「さかさ絵」も、「トリックアート」と呼ばれています。

物心ついたころには、芸術に触れていました。自宅が、絵画教室で書道教室だったんです。叔母が絵画を教え、母は書道の先生でした。もちろん、僕も子どものころから習いました。

長唄もやっていた母の影響で、声楽もやっていました。子どものころは、キングレコードの児童合唱団で歌っていたんですよ。

そのおかげでしょうか。図工と音楽は、得意でした。とくに絵を描くのが好きでした。

小学校高学年のころのことで、印象に残っていることがあります。

市の展覧会で、僕の絵が3位に入選したんです。家で飼っていた犬を描いた絵でした。僕は、もちろん嬉しかったですよ。でも、学校の先生は喜ぶんじゃなくて、心配するんですよ。というのも、僕が描いた絵は、犬が右向きでした。先生は、「図鑑などに描かれている動物は、すべて左向きだから、普通の子は、絶対に右向きには描かない」って。

確かにそうなんですよね。子どもに動物を描かせると、ほぼ１００％、左向きの絵になるんです。いま思うと、右向きに犬を描いた感性が、トリックアートの出発点だったのかもしれません。

高校生くらいまでの夢は、漫画家になることでした。でも、漫画家で生きていくのって、大変なんです。それでも、アートの世界で生きていきたい。そこで、グラフィックデザインを目指しました。

43歳で取り組んだ トリックアートの世界

うまくいかないものですね。現役、1浪、2浪とチャレンジしましたが、美大には合格できませんでした。専門学校に進み、卒業後の１９７４年、デザイナーとして「リクルート」に入社しました。

「リクルート」は、就職や結婚、進学など、さまざまな分野の情報

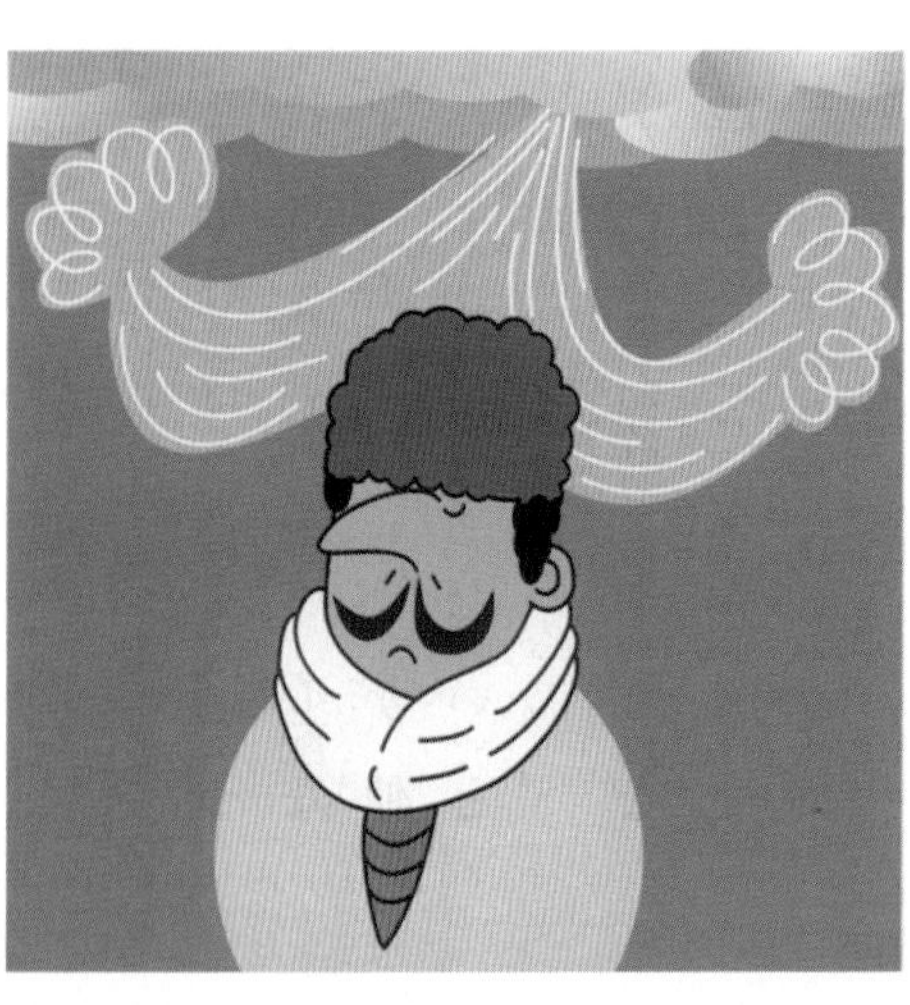

誌を企画・制作・出版している会社です。僕の仕事は、デザイナーとして、雑誌に載る広告や記事、雑誌の表紙などをデザインする仕事でした。忙しかったけれど、なんだか文化祭の前日のようなワクワクする毎日でした。

仕事の傍ら、イラストも描いちゃう。ちょうど、バブル期だったこともあり、社外から僕に直接、仕事の依頼が来ていたんですよ。

初めてトリックアートに取り組んだのは、まだ会社員だった19年前、43歳のときです。コンペで、トリックアートを募集していたんです。

ふと、「ロートレックの顔をひっくり返したら絵になりそうだな」って、ひらめいたんです。早速、描いてみました。絵は正面からみれば、「小人にバカにされるロートレック」。そして絵を逆さにすると、「へっぴり腰の兵隊を怒る戦車隊の隊長」に早変わり。

完成したとき、当時4歳だった息子に見せたんです。そうしたら、「おおっ！」って、びっくりしているんですよ。幼稚園くらいの子どもが驚くんだから、「これはいける」と思いましたね。作品は、奨励賞をいただきました。

その6年後、1999年。M・C・エッシャー生誕100年記念のトリックアート・コンペがありました。ループ状に永遠に流れ続ける水の絵などが有名なオランダの画家です。

このコンペで、「さかさ文字」に挑戦しました。平仮名で書いた様々な芭蕉などの句を、くるりと回すとすべて「ふるいけや　かわづとびこむ　みずのおと」の句になってしまう。トリックアートの面白さは、言葉で説明しても分からない点ですね。ぜひ、下の作品を見てください。きっと、驚くと思いますよ。

コンペには、金賞を受賞したこの作品のほか、逆さまにすると全く違うストーリーになる「しかけ絵」も出品しました。その絵は、のちに絵本『まさかさかさま』の原型になりました。

そのころには、フリーで食べていけるくらい社外からの仕事が来ていたので、会社を退職。退職金を使って、『まさかさかさま』を出版したんです。

本当は、美術書として出版したかったのですが、美術書って売れないですよね。たくさんの人に見てもらいたかったので、絵本として出版しました。これが、僕の代表作になりました。

目の前にあることを「本当かな」と疑ってみる

トリックアートを始めて、19年になります。

実は世の中ってトリックで溢れているんですよ。勝手な思い込みで錯覚を引き起こしていたり、何かにまぎれて見えなくなってしまっていたり。

防犯用の鍵をどこに取り付けたらいいか。そんなときは、自分が泥棒の気持ちになってみる。そんな発想の転換が面白いんですよ。

答えは一つじゃない。見方を変えることで、普段の景色が違ってみえる瞬間は、快感ですよ。いま、目の前にあることを、逆から、横から、斜めから「本当かな」ってちょっぴり疑いながら観察してみる。すると、驚くような発見や全然違う真実に出会えるはずです。

僕の絵本が、子どもたちにとってその出会いの入口になってくれたらいいですね。

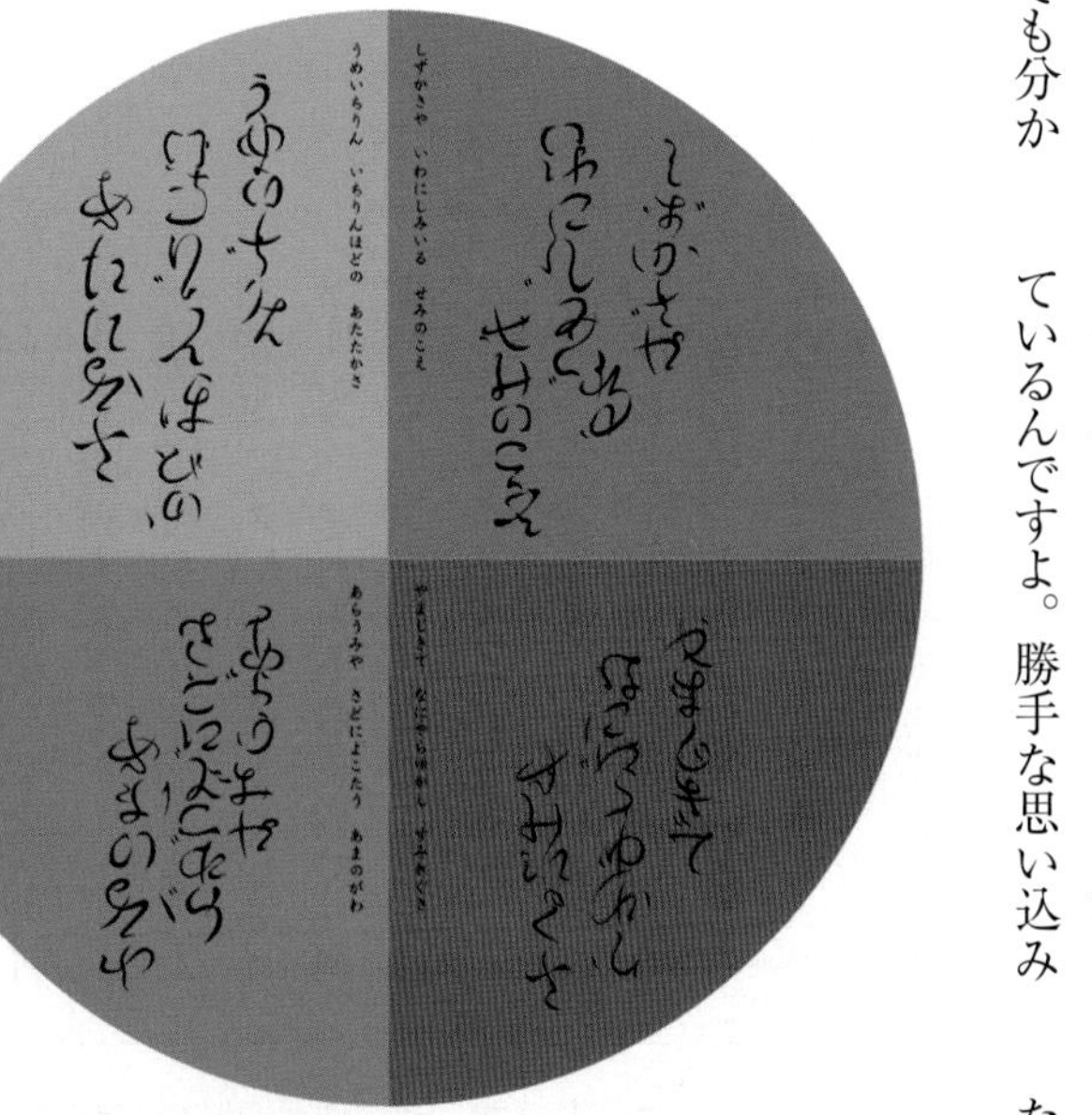

さかさ文字作品／「ふるいけや」の呪縛

いとうふみと
1950年、神奈川県藤沢市生まれ。桑沢デザイン研究所卒業。グラフィックデザイナー、イラストレーターとして広告・雑誌を中心に活動。2002年全国トリックアートコンペ・グランプリ受賞など受賞歴は多数。著書に『まさかさかさま』シリーズ（サンマーク出版）、『みらくるくるくる』（小学館）などがある。近年は、クイズ番組のクイズの制作も手がけている。

ココロの35 Interview

構成◉橋爪玲子
写真◉越間有紀子

落語を聴けば、想像力を鍛えられる。相手の気持ちを「想像」できることは、思いやりや気配りにつながっていく。人とのコミュニケーションがもっとうまくなれる。落語の世界から、そんな想像する力を育んで欲しい。

NHK「にほんごであそぼ」の『寿限無』が子どもたちの間で大ブーム。その『寿限無』の立役者・柳家花緑さんは、「本来、落語は子どものために作られたものじゃない」と語ります。それでも、子どもに向けた落語ワークショップや学校寄席・親子寄席を精力的に行ってきたのは、なんとか、子どもたちにも落語の面白さをわかってもらいたいという気持ちからでした。それが実を結びつつあります。

みなさんは「落語」にどんなイメージをお持ちですか? 『笑点』のように、落語家さんたちがおもしろいことをいっているイメージ? それとも着物姿で「高座」に上がって、江戸のことをはなしているイメージでしょうか。

どちらも印象としては間違っていないけれど、実は、落語のおもしろさって、もう少し深いところにあるんですよ。

9歳から落語を始め、15歳で祖父に弟子入り

僕は9歳から落語を始め、中学を卒業した15歳のときに、祖父に弟子入りしました。母の勧めでした。母方の祖父は、永谷園のインスタントみそ汁の「あさげ」や「ゆうげ」のテレビCMに出ていた、おじいさん。落語協会の会長で、人間国宝だった5代目柳家小さんです。

叔父（母の弟）も落語家ですから、物心ついたときから落語は身近なものでした。

稽古は祖父や叔父がつけてくれました。学校の勉強とはまったく違って、「口伝」です。祖父や叔父が目の前に座って実際に演じてくれるのを聴いて覚えます。間の取りかたや仕草なども頭に叩き込まなければいけません。メモを取るのは、稽古が終わってからです。

放課後は、落語のためになりそうな習い事をたくさんしていました。三味線、日本舞踊、習字、ピアノ。どれも好きだったので、忙しかったけれどやめたいとは思ったことはありませんでした。

9歳で初めて高座に上がったときは、すごくほめられました。上手かったわけでありませんから、かわいさだったのでしょうか。大人たちのヨイショの波に乗せられたのは確かです。でも、この子どものときの成功体験があったから今までの落語人生が続いているとも思えます。

一方で、学校の勉強はまったくダメでした。やらないから、いつまでたってもできない。興味もない。「0点の積み重ねは0点だ」なんてくらい学校の成績は惨憺たるものでしたよ。

最終学歴の中学校3年生の通知表は、英語、国語、数学、理科、社会の5教科の成績は、ほとんど「1」でした。1、2学期の国語と、3学期の英語が「2」だったかな。

入門したころは、師匠が教えてくれたものを覚えてしゃべれれば、

柳家花緑

［落語家］

それがゴールだと思っていました。けれど、それはゴールじゃなかった。覚えたものを「自分のもの」にしていく。「登場人物になりきって演じる」ことが必要でした。

　落語というのは、「人間」を語る伝統芸です。暮らしの中で、普通に起きていることを題材に、人間の滑稽さや愛すべき点、憎めない性格、そういったものを言葉だけで描き出さなければなりません。

　では、どうやって「自分のもの」にするのか。この壁を突き破らないと、柳家小さんのコピーであって、僕自身の存在感がないことへの焦りを感じはじめました。小さんの孫というだけでは務まらないのです。どうやったら落語家・柳家花緑になれるのか。長い間悩みました。

　その壁を突き破るきっかけになったのが、演劇との出会いです。30歳のころのことです。

　出演するお芝居の稽古中、演出家から、セリフのニュアンスが違うと「そのセリフはどんな気持ちでしゃべっていますか?」「そのとき、役柄として、なにを考えていると思う」と何度も聞かれました。

　落語には、芝居のような演出家はいません。演じるのも自分なら演出するのも自分でやらなければいけない。

　会話劇である落語は、登場人物が2人の場合が多いのが特徴です。目の前にいる相手がどんな人で、何を考えて、どうしてこんなことを言うんだろうと想像しながら、アクションとリアクションをどうやっていくかを深く考えるようになりました。その「想像力」を養うことが登場人物にぐっと近づくことになったんです。

　壁を破ったことで、自分自身の挑戦の幅が広がったように思います。

落語を通して子どもたちに想像力を広げてほしい

　本来、子どもには落語は難しいものです。落語の世界の登場人物たちに共感できるのは、それなりに人生経験を積んだ大人じゃないとわからない。でも、あえて子どもに向けて挑戦するんです。子どもでもわかりやすいはなしにアレンジして、落語から「想像力」を広げていきたいからです。

　NHKの「にほんごであそぼ」で演じた『寿限無』が、子どもたちの間で流行りました。

　『寿限無』には、子どもの好きな「ぱぴぷぺぽ」の破裂音があったから受け入れられたのではないでしょうか。「ぱいぽぱいぽの～、ぽんぽこぴ～」。あそこが子どものツボにはまりました。

　今年の秋にパワーアップした『寿限無』をNHKの「おはなしのくにクラッシック」で放送します。お寺の和尚さんに教えてもらった「寿限無」や「五劫（ごこう）のすり切れ」……などのめでたいことばがアニメーションになって飛び出してきます。ことばのおもしろさだけではなく、子どもたちの想像力がより膨らむしかけになっています。

　毎年、青山にあるワタリウム美術館で、子どもたちとの落語のワークショップを開いています。

　落語を聴いてもらったあとに、子どもたちに絵を描いてもらうよ

子どもたちが想像したものはすべてほめてあげる。ほめてあげることは、想像力を広げてあげること

うにしています。

ある年は『目黒のさんま』を題材にしました。お殿様が初めて食べたさんまに恋焦がれるはなしです。子どもたちには、お殿様に食べさせてあげたいものを描いてもらいました。子どもたちが想像したさんまパフェやさんまの油100%のドリンクとかを、僕がお殿様になって食べたり飲んだりする仕草をしました。

このときに大事なのは、子どもたちが想像したものはすべてほめてあげることです。どんな絵も必ずいいところがあります。色がきれいとか、内容がいいなど。ほめてあげることは、想像力を広げてあげることにつながります。

親子寄席や学校寄席に呼ばれると、うんちくではなく、とにかくギャグもまじえて笑わせるだけ笑わせることにしています。

毎年行っている小学校6年生が対象の学校寄席では、子どもたちの感想のなかに「落語はつまらないものと思っていましたが、今回はおもしろかったです」というものがよくあります。まだ十数年しか生きていない子たちが、すでに落語が「つまらない」という思い込みがあることを払拭したい。やはり落語に対していい印象を持ってほしいですから。『笠碁』という親友同士のけんかから仲直りまでのはなしを演じたときには、このときは高校生相手でしたが「友だちとの仲直りって、本当にたいへん。自分もそういうことがあったから、登場人物の気持ちがよくわかりました」と自分の実体験を重ね合わせて感想を書いてくれました。そういう時は「ああ、通じたんだな」って嬉しいですね。

お客さんの笑って泣いて、喜んでる姿が嬉しい

挑戦の幅を広げるという意味では、「新作落語」にも取り組んでいます。時代設定にとらわれず、自由に話を創作していきます。

落語は、着物姿に扇子と手ぬぐいを持って演じます。しかし、これは江戸時代の庶民の姿そのものなんです。でも、現代を語る新作落語なら、服装も現代に合わせた方がいいんじゃないかと思いました。だから、洋服でイスに座って演じてみることもやってます。

落語って人間の生き方そのものをテーマにしていて、泣けるはなしや笑えるはなしがたくさんあるんですよ。

そんな人間味あふれる落語に魅了されて、夢中でやってきました。もっと落語の中の登場人物たちに近づきたいと思うから、もっともっと落語がうまくなりたい。そして僕が創造した落語を聴いたお客さんたちが笑って泣いて、たくさん喜んでる姿をみるのがとても嬉しいんです。そのためにこれからも精進し続けるんです。

やなぎや かろく

1971年、東京都生まれ。中学校を卒業後、祖父5代目柳家小さんに入門。1994年22歳の時に戦後最年少で真打昇進。柳家花緑と改名。古典落語をはじめ新作落語にも力を入れている。

子どもたちは今
保健室より

保健室は子どもたちにとって
大切な居場所です。
そこでは、担任の先生や親の前とは
違った顔を見せてくれます。
子どもたちの今を、
保健室よりお伝えします。

発達障害のある同級生を手助けする頼もしいクラスの子どもたち

文◉井上優子・いのうえ・ゆうこ
東京都内の区立小学校で養護教諭
イラスト◉土田菜摘

2時間目が終わり、子どもたちが校庭へ飛び出してきました。この20分間の中休みで、ドッジボールやおにごっこなどをして思い切り体を動かし、気分転換するのです。中休みの終わる3分前には予鈴が鳴ります。子どもたちは、パッと片付けを始め教室へ向かいます。

その日、本鈴が鳴ってから4年生の男子が3～4人保健室にやってきました。「すみませ～ん浩二いますか～?」「あいつまた行方不明なんだよ」

浩二は広汎性発達障害の診断を受けており、軽度の発達遅滞を伴っています。おしゃべりは好きですが、テレビで得た知識をそのまま口にするなど、言葉の適切な使い方ができず、文字もあまり書けません。保護者の希望で、1年生から普通学級で学んできましたが、学年が進むにつれ、教室でのトラブルが増えてきたのが気になっていました。

「先生が校舎内を見回ってみるから、みんなはもうお教室に戻っていいよ。3時間目始まってるでしょ」最近の浩二は、教室に戻りたくないとどこかに隠れてしまうのです。さて、どこにいるのかなと保健室を出たら、職員トイレにさっと人影がよぎり、浩二が飛び出してきました。

「待って浩二くん!どうしたの?みんな探してたよ」「え?なんで?」「なんでって…もう3時間目始まってるじゃない」「ふーん。だってさぁ、僕は3時間目に出なくていいんだよ。先生が遊んでていいって」もちろん担任がそのようなことを言うはずはありません。浩二は、明らかにわかる嘘を悪びれもせずに言うのです。それが原因で友達とけんかになったりしましたが、なかなかなおらないということは聞いていました。

「じゃあ先生も浩二くんと一緒にお教室へ行くからさ、どこで遊んでたらいいのか聞いてみようよ」教室に戻ると、担任が即座に「浩二お帰り!はい座って算数の教科書出して!」と声をかけました。すると浩二は嫌がるそぶりも見せず、にこっと笑って自分の席に座りました。

放課後、スクールカウンセラーと担任

ココロと
カラダの特集

親と子の悩み相談コーナー

子育てに悩みはつきもの。
日々、子どもと接しながら、親として迷ってしまうのは当然のことです。
そんな時のヒントになるように、専門家にアドバイスを聞きました。

写真◉越間有紀子

的場永紋
まとば・えいもん
臨床心理士。東京都スクールカウンセラー、埼玉スクールカウンセラー。草加市立病院小児科、越谷心理支援センターでも心理相談を行なっている。

相談1

小5の女の子ですが、緊張しやすく、テストなどの本番で力が発揮できません。何かいい方法はあるでしょうか?

一般的に〝緊張〟というと気持ちの問題とされがちですね。そのため、自分の心に向かって「大丈夫。落ち着け」と語りかけることで、なんとか気持ちを落ち着かせようとします。もちろん、この方法でも、気持ちを落ち着かせることはできますが、これまでに何度も本番で緊張してしまい失敗を繰り返している場合には、逆効果になりがちです。というのは、気持ちを落ち着かせようとすればするほど、落ち着いていない自分を意識してしまい、ますます緊張してしまうからです。

このように、〝緊張〟は気持ち、つまり心が緊張していると思われがちですが、実はそうではなく、身体（からだ）の緊張が大元にあります。先に、身体が緊張して、その状態を心が感じとって「緊張している」と思うのです。そのため、緊張をほぐすときには、気持ちをコントロールしようとするのではなく、まず身体の緊張をゆるめることが大切になります。肩や首、眉間、背中など、身体には無意識のうちに余計な力が入っています。深呼吸とともにその力を抜くことで、リラックスした状態になることができるのです。

まず、息を出しきってから、大きく

とで話をしました。スクールカウンセラーは「浩二くんは、学校や社会のルールを理解することが難しいです。きつく叱っても不安だけが残るので良くない。個別でじっくりと話を聞いてあげて、落ち着いた状態で納得ができるように指導するのがいいと思います」と言います。

　その必要は担任も実感していたようです。しかし、どんなに浩二には配慮が必要だとわかっていても、普通学級ではマンツーマン指導はできません。担任は、学級にいる36名の児童を同時に指導しなければならないのです。

　「先生、とりあえず浩二が行方不明になったときには保健室に連絡して。それから、看護当番の先生たちにも、浩二のことをちょっと気にしてもらいましょう」職員朝会で話し合い、職員全体で浩二の課題について把握し、できる限り声かけをしていくことになりました。

　自分の知らない他学年の先生に声をかけられても、浩二は人なつこい笑顔を向けます。たいていひとり遊びをしている浩二ですが、あるとき保健室の窓から校庭の様子を見ていると、予鈴と同時に数人の男子に囲まれ、一緒に昇降口へ向かう浩二の姿がありました。「チャイム着席を守ってるね!えらいねえ!」声をかけると、浩二は「みんながね、一緒に教室に帰ろうって言うから…」言いながら足は保健室に向かいます。すると周りにいた男子が「1回教室に戻ろうよ浩二!そのあと先生に言えばいいじゃん」「そうだよ、保健室に行くなら先生に言ってからだよ!」と声をかけました。浩二は「じゃあ先生に言ってから来る」と言って教室へ行き、もちろんその後、保健室に戻ってくることはありませんでした。

　担任に聞いたところ、学級の児童に、浩二が決まりを守れるように協力してほしいとお願いしたということでした。配慮の必要な児童は、担任ひとりが抱えてしまうのではなく、職員全体で見ていくことも大切ですが、何より学級の子どもたちが、こちらの考える以上に頼もしい力となるのだなとうれしく思いました。

息を吸い、ゆっくり吐くと同時に肩や首など身体に注意を向けて力を抜いていきます。息を吐くとともに、力が抜ける感じを味わうことが大切です。周囲の人も「緊張しないで落ち着いてね」と声かけをするよりも、「身体の力を抜いてね」と一緒に深呼吸をしたり、肩を揉んで身体をほぐしてあげることが効果的です。

相談2

小6の男の子の母親ですが、最近徐々に親離れしていく子どもを見ていて、なんだか寂しくなってしまいます。

　自分の元を離れ、少しずつ自立していく子どもを見るのは、親としては喜びであると同時に、まるで自分の一部を失うような寂しさを伴うことでもあると思います。これまでしっかりと子どもに寄り添って子育てをしてきたからこそ感じる寂しさなのでしょう。

　小学校高学年から中学生にかけて、子どもは徐々に親と距離を取り始めます。手をつないで歩くのが恥ずかしくなったり、家族よりも友人関係を重視するようになったりと、親から自立するために、物理的にも心理的にも距離を取っていきます。思春期の入り口であるこの時期は、子どもが親離れする時期であると同時に、親にとっては子離れの時期にあたります。親として寂しさを伴うこの時期をどう乗り切り、子どもの自立をどう促していくかということが、この時期の大切な課題です。

　子離れに伴う喪失感を乗り越えていく上で大切なのは、親が〝親としての自分〟だけではなく、〝自分自身〟を生きることです。子どものために何かするのではなく、自分自身のために何かすることです。〝子どものため〟と〝自分のため〟を混同してしまいがちになりますが、この時期から時間をかけて、改めて「子育てから離れた自分がどのように生きていくか」という課題と向き合っていくことが大事です。まずは、何でもいいので子育て以外の活動を始めてみてはいかがでしょうか。また、子離れの寂しさを夫と分かち合うことによって、新たな夫婦関係を作っていくことも大切になります。

レッツ

何でもトライ

4

自分だけの自由ダンス！

色々な年代のお友達がいるけれど、一緒に始めたから皆ゼロ年生です!

学校の先生が教えてくれない事も教えてくれるから楽しいです!

本番ではソロで踊ります。言葉なくても身体で表現出来ているかな?

**今回は「創作ダンスに挑戦」です。
ダンスカンパニー Co.山田うんのダンサーと共に、
子どもたちがオリジナルのダンス作品を創作しました。
東京都中野区の野方区民ホールで
9日間のワークショップを経て、さあ本番。
それぞれが自由に自分のダンスを発表しました。**

写真◉越間有紀子

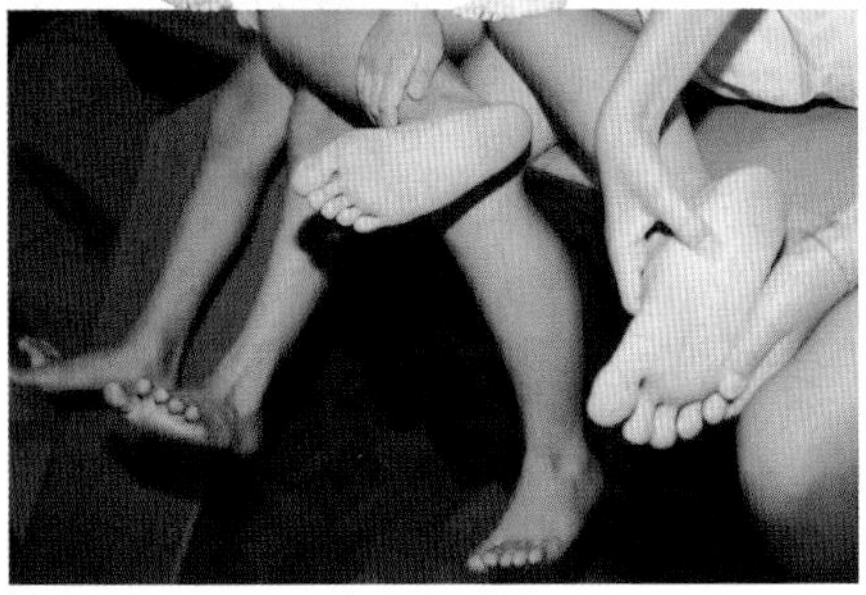

毎日裸足で練習していたら、足の裏にマメが出来ちゃいました。でも楽しいから平気だよ!

今日はいよいよダンス作品発表の日です。 最後の練習、頑張りましょう、よろしくお願いします!

「物事を決める事は大人でも難しい事です。」という、先生の言葉に、見学していた大人も真剣に耳を傾けていました。

トラブル発生!グループ発表の内容がまとまらない様子。 発表まで残された時間はあと僅か、どうしたら良いか真剣に話し合ってはいるけれど…。

練習の後のお弁当タイム。 本番の発表内容から、発表時に着るお洋服の話までワイワイガヤガヤ!

発表前はちゃんとメイクもします!子どもだからと侮るなかれ。 年下の子にメイクをレクチャー、髪型もヘアスプレーでバッチリ!

発表は大成功。最後は皆でひとつになりました！

このイベントはパフォーマンスキッズ・トーキョー（主催・東京都、東京文化発信プロジェクト室、特定非営利活動法人芸術家と子どもたち）のプログラムの１つとして行われました。

山田うん先生の「皆で決める事は色々と大変だと思う人?」という質問に沢山の子が「ハイ!!」様々な意見があります。

参加の申し込み、問い合わせ

特定非営利活動法人 芸術家と子どもたち

〒170-0001　東京都豊島区西巣鴨 4-9-1 にしすがも創造舎（旧朝日中学校）TEL 03-5961-5737　http://www.children-art.net/

自主独立の精神を育む
Asano
Junior High School

浅野中学校

〒221-0012　神奈川県横浜市神奈川区子安台1-3-1　TEL.045-421-3281(代)　FAX.045-421-4080

逞しい人間の育成

受け継がれる
「伝統」と「精神」

「平成25年度入試 説明会」日程

10月6日(土)	10月13日(土)	10月15日(月)	10月16日(火)	10月17日(水)	10月18日(木)
第1回 12:00~13:20	第3回 12:00~13:20	第5回	第6回	第7回	第8回
第2回 14:30~15:50	第4回 14:30~15:50	11:00~12:20			
各回の定員は500人です。					

学校行事

部活動 見学体験会	打越祭(予約不要)	
7月22日(日) 10:00~15:00 ※雨天実施 ※詳細はホームページでご確認ください。	第1部文化祭 9月8~9日(土・日) ※雨天実施	第2部体育祭 9月22日(土) ※雨天の場合は24日(月)以降に順延します。

「平成25年度入試 説明会」を上記のように計画いたしました。往復はがきによる「お申し込み制」となりますので詳細は下記ホームページでご確認ください。

http://www.asano.ed.jp/

早稲アカ

秋フェス

～秋の学校・教育フェスティバル～

早稲アカの秋フェスで学校を探求しよう。

今年も早稲田アカデミー主催、秋の学校・教育フェスティバルを実施いたします。有名中学校の先生方から直接お話を聞くことができる絶好のチャンス。ぜひ、この機会をご活用ください。

日程		時間	開場	講演会名称	講演校（50音順）	会場（最寄駅）
9月20日	木	10：00～11：05	9：30	埼玉県ビッグ4 進学講演会	浦和明の星女子中学校・淑徳与野中学校	早稲田アカデミー 本社5号館多目的ホール（池袋駅）
		11：15～12：20	11：10		開智中学校・栄東中学校	
9月27日	木	10：00～11：40	9：30	有名男子中学校 進学講演会	世田谷学園中学校・東京都市大学付属中学校 本郷中学校	早稲田アカデミー 本社5号館多目的ホール（池袋駅）
10月3日	水	10：00～11：40	9：30	第1回有名女子中学校 進学講演会	鷗友学園女子中学校・吉祥女子中学校 普連土学園中学校	早稲田アカデミー 本社5号館多目的ホール（池袋駅）
10月4日	木	10：00～11：40	9：30	桐朋中学校 入試講演会	桐朋中学校	調布市グリーンホール（調布駅）
10月16日	火	10：00～11：30	9：30	女子学院中学校 入試講演会	女子学院中学校	四谷区民ホール（新宿御苑前駅）
10月25日	木	10：00～11：40	9：30	早稲田中・早大学院中 進学講演会	早稲田中学校・早稲田大学高等学院中学部	小金井市民交流センター （武蔵小金井駅）
10月26日	金	10：00～11：40	9：30	早実・明大明治中学校 進学講演会	明治大学付属明治中学校 早稲田大学系属早稲田実業学校中等部	調布市文化会館たづくり・ くすのきホール（調布駅）
10月30日	火	10：00～11：40	9：30	神奈川県難関中学校 進学講演会	浅野中学校・聖光学院中学校	横浜国際ホテル（横浜駅）
10月31日	水	10：00～11：40	9：30	海城・城北・巣鴨 中学校進学講演会	海城中学校・城北中学校・巣鴨中学校	なかのZERO（中野駅）
11月1日	木	10：00～11：40	9：30	寮のある有名中学校 進学講演会	海陽中等教育学校・早稲田佐賀中学校 早稲田摂陵中学校	早稲田アカデミー 本社5号館多目的ホール（池袋駅）
11月2日	金	10：00～12：10	9：30	第2回有名女子中学校 進学講演会	実践女子学園中学校・田園調布学園中等部 文京学院大学女子中学校・和洋九段女子中学校	早稲田アカデミー 本社5号館多目的ホール（池袋駅）
11月8日	木	10：00～12：10	9：30	有名共学中学校 進学講演会	淑徳中学校・順天中学校 東京成徳大学中学校・広尾学園中学校	早稲田アカデミー 本社5号館多目的ホール（池袋駅）

お問い合わせ・お申し込みは、早稲田アカデミー各校舎までお願いいたします。定員になり次第、締切とさせていただきます。日時・会場、締切状況などは、早稲田アカデミーのホームページにてご確認ください。

早稲アカデミー　検索

早稲田アカデミー

The Seed of God
〜神の種子〜
ひとりひとりに備わっている
素晴らしい可能性を
静かに見つめはぐくむ時間を
大切にしています。

普連土学園 中学校・高等学校

2012年度学校説明会

在校生に質問ができます

5/19［土］ 10:00〜12:00　施設案内あり
学校説明会①

9/8［土］ 10:00〜12:00　施設案内あり
学校説明会② 予約制

12/8［土］ 10:00〜12:00　5年生以下対象　施設案内あり
学校説明会⑤

卒業生に質問ができます

7/13［金］ 19:00〜20:30
小説明会(夜間)①

11/2［金］ 19:00〜20:30
小説明会(夜間)②

礼拝・授業・クラブが体験できます

6/23［土］ 9:30〜12:00　施設見学あり
学校体験日① 予約制

2/16［土］ 9:30〜12:00　4・5年生対象　施設見学あり
学校体験日② 予約制

授業が見学できます

10/9［火］ 10:00〜12:00　施設案内あり
学校説明会③ 予約制

10/12［金］ 10:00〜12:00　施設案内あり
学校説明会④ 予約制

過去問題の解説がきけます

11/24［土］ 9:00〜12:00　6年生対象
入試問題解説会

入試の傾向がわかります

12/8［土］ 13:30〜15:30　6年生対象　施設案内あり
入試説明会①

1/12［土］ 10:00〜12:00　6年生対象　施設案内あり
入試説明会②

入試相談コーナーがあります

10/20［土］ 9:00〜15:00
学園祭

11/10［土］ 10:00〜15:00
バザー

※7/13、11/2、11/24を除き、上履きをご用意下さい。

Friendsメールサービス

普連土学園よりさまざまな情報を直接お届けいたします。ぜひご登録ください。

メールアドレスのご登録はこちらからお願いいたします

t-friends@byuuun.jp

QRコードを読み取るか、メールアドレスに空メールをお送りください。

登録用URL（アドレス）の記載されたメールが届きましたら、登録ページに進み、画面の指示通りに登録をお願いします。

※迷惑メール対策をされている場合などは「byuuun.jp」からのメールが受信できるよう設定をお願いします。
※お知らせ頂いた住所・氏名等の個人情報は、他に漏洩のないよう厳重に管理し、ご登録頂いた受験生・保護者に対する普連土学園の行事案内等の送付以外の目的には一切使用致しません。
※本メールサービスは普連土学園が株式会社モノリスジャパンに委託して運用しています。

説明会の予約方法など詳細に関しましてはホームページをご覧ください　http://www.friends.ac.jp/

〒108-0073 東京都港区三田4-14-16　TEL:03-3451-4616

JR「田町駅」徒歩8分／都営浅草線・三田線「三田駅」A3出口徒歩7分／東京メトロ南北線「白金高輪駅」出口2徒歩10分／都営バス・東急バス「三田三丁目」「三田五丁目」下車

世界の星を育てます

中学1年生から英語の多読多聴を実施しています。
また、「わくわく理科実験」で理科の力を伸ばしています。

学校説明会

第2回　9月 8日(土)
14:00～
[在校生とトーク]

第3回　10月 6日(土)
14:00～
[明星の国際教育]

第4回　11月10日(土)
14:00～
[小6対象模試(要予約)]

第5回　11月22日(木)
19:00～
(Evening)

第6回　12月16日(日)
10:00～
[入試問題解説]

第7回　1月12日(土)
15:00～
[小6対象面接リハーサル(要予約)]

※予約不要

明星祭／受験相談室

9月29日 (土)･30日 (日)
9:00～15:00
※予約不要

オープンキャンパス

第3回　8月25日 (土)

第4回　8月26日 (日)

9:00～15:00

※予約不要
※毎回ミニ説明会を行う予定です。

学校見学

月～金　9:00～16:00
土　9:00～14:00

※日曜・祝日はお休みです。
※事前にご予約のうえご来校ください。

ご予約、お問い合わせは入学広報室までTEL. FAX. メールでどうぞ

明星中学校

MEISEI

〒183-8531　東京都府中市栄町1－1　入学広報室
TEL　042-368-5201(直通)　FAX 042-368-5872(直通)
(ホームページ)　http://www.meisei.ac.jp/hs/
（E-mail）pass@pr.meisei.ac.jp

交通／京王線「府中駅」
JR中央線／西武線「国分寺駅」
┐ 徒歩約20分
または バス（両駅とも2番乗場）約7分「明星学苑」下車
JR武蔵野線「北府中駅」より徒歩約15分

Go!Go!志望校

第9回

大人も子どもも夢中!
楽しい実験がたくさん!

修徳中学校「ネイチャープログラム体験」

封入標本制作

1 キラキラしたきれいな透明標本。

7月14日土曜日、修徳中学校で「ネイチャープログラム体験」が行われました。「ネイチャープログラム」とは、自然に触れることを通じて科学・経済・歴史・環境を学ぶ修徳独自のプログラムで、授業・行事・クラブ活動など、様々な機会で取り入れられています。

「ネイチャープログラム体験」は、理科実験を楽しみながらこうした修徳独自の教育を、肌で感じることができる体験型のイベントです。

この日は、「封入標本制作」「海からチョーク」「ミニミニロケット制作」という3つの実験が行われました。実験は修徳の理科教諭が優しく丁寧に小学生のお子さんでもわかりやすいように教えてくれるので安心です。作業をしている間にも先生方が実験台をまわり、参加者へ声をかけながらサポートする姿が印象的でした。

実験を楽しみながら学校の雰囲気を感じる

体験授業は修徳の理科実験室を使って行われました。まずは全員で「封入標本制作」体験です。

封入標本とは、透明な樹脂のなかに、色とりどりの小さな鉱石や貝がら、化石などを閉じこめたものです。大きさは手のひらに乗るくらいで四角い形をしています。

たくさんある封入標本のなかから好きなものをひとつ選び、目の粗さが異なる4枚の紙ヤスリを順番に使い、表面を磨き、ピカピカできれいな自分だけの標本をつくります。紙ヤスリを使う作業は根気のいる作業ですが、みなさん熱心に取り組んでいました。

小学生の参加者は、「一番最初のヤスリがけが大変だったけど、できあがったらきれいになってびっくりした」「家に帰って飾りたい」と感想を話してくれました。

標本づくりの次は、「海からチョーク」と「ミニミニロケット制作」の実験に移ります。どちらか好きな方を選んで参加します。

「海からチョーク」は短くなったチョークを砕いて集め、再利用する実験です。「海から」というのは、チョークの原料にホタテの貝がらが

海からチョーク

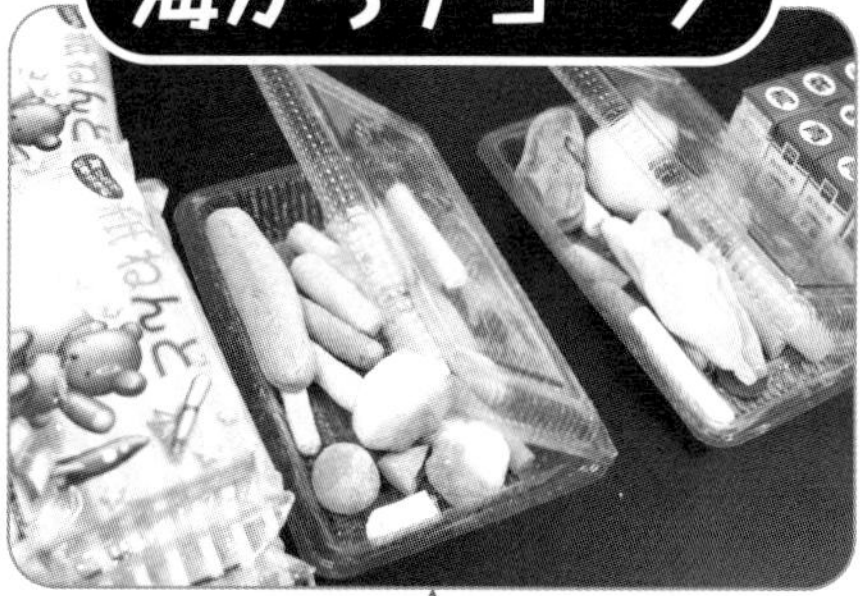

1 小さくなったチョークを再利用します。

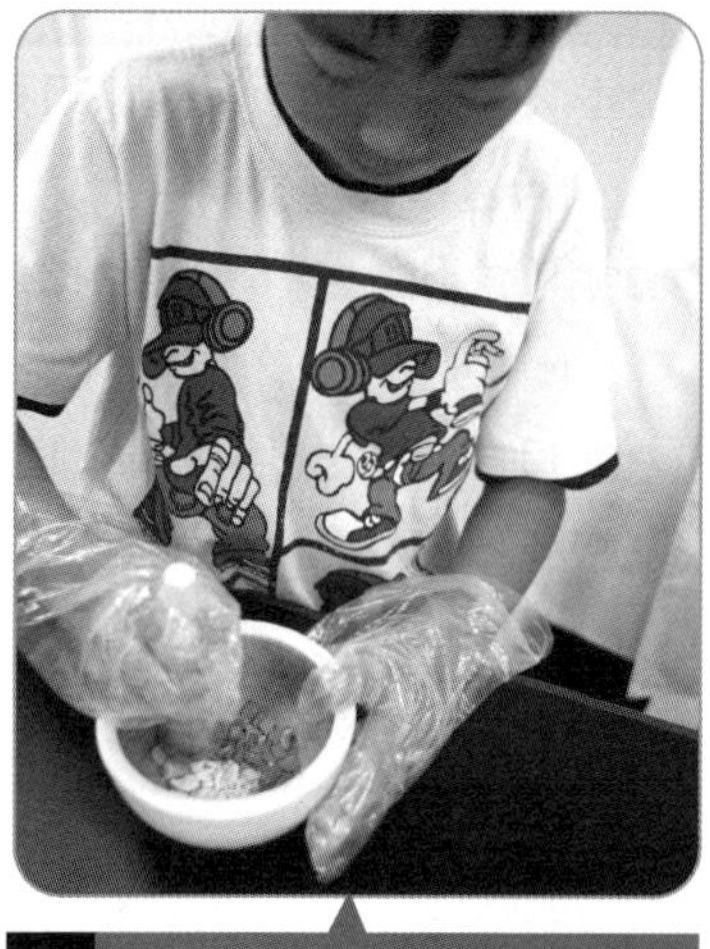

2 すり鉢と乳棒でチョークを細かく砕きます。

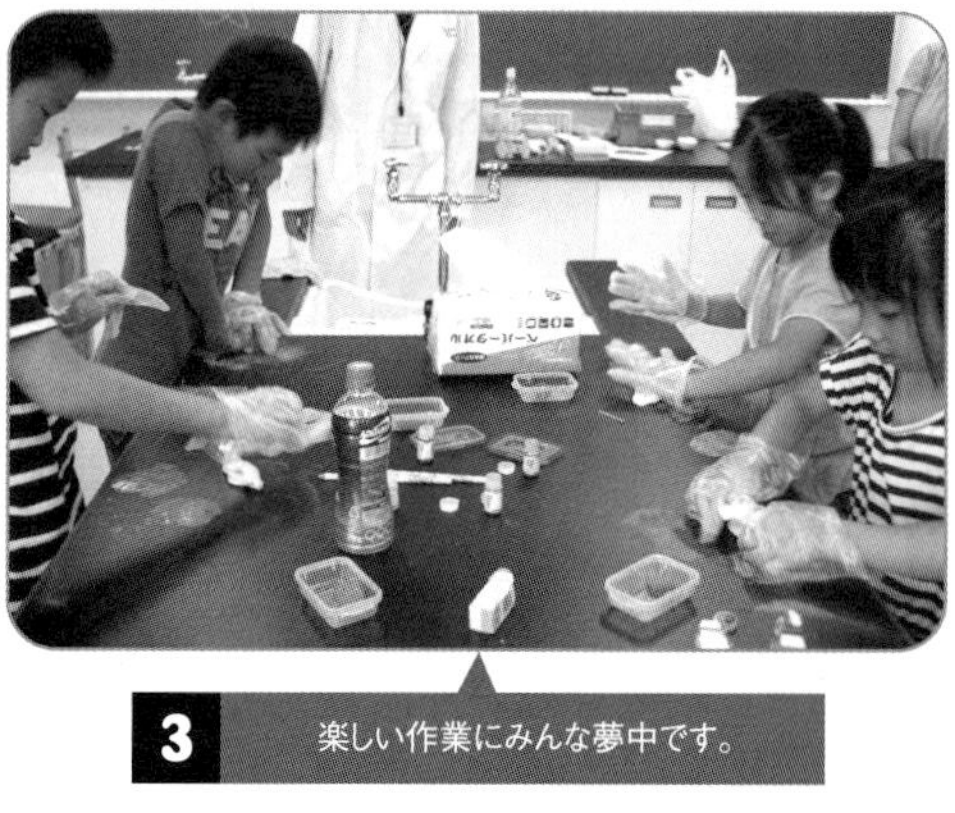

3 楽しい作業にみんな夢中です。

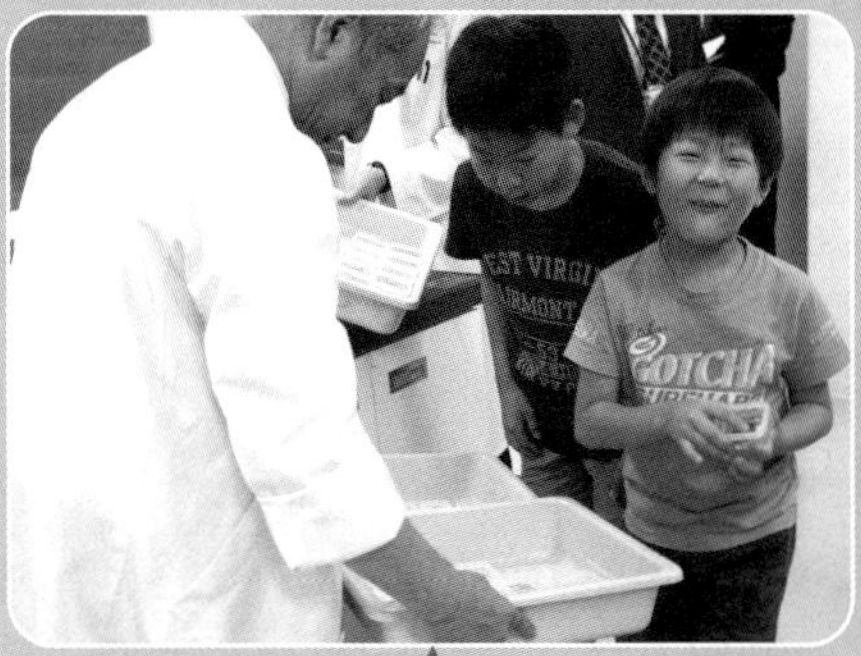

2 いろいろな標本のなかから好きなものを選びます。

3 紙ヤスリで標本を削ります。水を張った入れもののなかで削ると粉が飛び散らないよ。

4 目の細かい紙ヤスリで磨いていきます。

5 つやつやになったらできあがり！

使われていることに由来しています。乳棒を使ってチョークを砕き、水を加えて練り乾燥させれば完成です。様々な色のチョークを混ぜてつくることもできるので、参加者の個性が出る仕上がりとなりました。

「ミニミニロケット制作」は炭酸ガスの出る入浴剤を使い、フィルムケースで作った小さなロケットを飛ばす実験です。初めに教室でロケットが飛ぶ原理と実験方法の説明があり、その後屋外に移動して実際にロケットを飛ばします。小さなロケットですが、3ｍくらいまで飛び上がり、実験会場では楽しそうな声が聞こえていました。

参加された保護者の感想をご紹介します。「ロケット制作に参加しましたが、家にある身近なものでできる実験なのでおもしろかったです」「先生方の説明がわかりやすく、子どもも一生懸命に取り組んでくれて、学校の雰囲気を感じることができました。参加してよかったです」。

楽しみながら親子で参加できる修徳中の「ネイチャープログラム体験」。学校の雰囲気を感じ取るうえでは、絶好の機会と言えるでしょう。

School Data

修徳中学校

所在地：東京都葛飾区青戸8-10-1
アクセス：JR常磐線・地下鉄千代田線「亀有」徒歩12分
ＴＥＬ：03-3601-0116
ホームページ：http://www.shutoku.ac.jp/

ミニミニロケット制作

1 ロケットの実験は広い場所で行われました。

2 ミニミニロケット発射5秒前！ ドキドキする瞬間です。

3 最後にはもっと大きなロケットも登場！

帝京大学中学校

TEIKYO

〒192-0361 東京都八王子市越野322　TEL.042-676-9511(代)

http://www.teikyo-u.ed.jp/

○2013 年度入試 学校説明会

対象／保護者・受験生　　会場／本校

第2回	**9/15**	(土) 14:00	本校の教育内容(カリキュラム シラバス) クラブ活動体験※	
第3回	**10/13**	(土) 14:00	本校の生活指導　模擬授業※	～合唱際今年の優勝は～
第4回	**11/10**	(土) 10:00	本校の進路指導　授業見学※	～保護者が見た帝京大学中学校～
第5回	**12/16**	(日) 10:00	入試直前情報　過去問解説授業	
第6回	**1/12**	(土) 14:00	これから帝京大学中学校を、お考えの皆さんへ	
第7回	**2/23**	(土) 14:00	4年生・5年生保護者対象の説明会	

※予約制　クラブ活動体験・模擬授業は電話予約が必要となります。予約開始日は2学期以降になります。ホームページ上でお知らせします。
○学校見学は、随時可能です。(但し、日祝祭日は除く。また学校説明会等、行事のある場合は見学出来ないことがあります。)
○平常授業日(月～土)には、事前にご予約いただければ、教員が校舎案内をいたします。

○邂逅祭(文化祭)　11月3日(土・祝)・4日(日)

●スクールバスのご案内

月～土曜日／登校時間に運行。
詳細は本校のホームページをご覧ください。

JR豊田駅 ←→ 平山5丁目(京王線平山城址公園駅より徒歩5分) ←→ 本校
←(20分)→

多摩センター駅 ←(15分)→ 本校

私立のよさも公立のよさもある
優劣よりその違いを考えてみる

公立私立の中学校の今　教育内容はどう違うか

中学受験の先にある私立中学の教育内容について、今、公立中学との違いをどうとらえればよいかについて考えてみます。

かつて決定的な違いは英語の時間数でした。今も基本的には解消されていないのですが、制度上は公立中学で週4時間カバーできる形になりました。ゼロ時限とかプラスの授業時間を学校ごとに工夫できることにもなったからです。

したがって、非常にがんばる公立中学があった場合、私立より多くするのは無理でも同程度の英語授業は組めるかもしれません。

また、英語については必ずしも偏差値どおりの教育内容ということはなく、むしろ学校文化の違いによる重みの違いがでます。

さすがにキリスト教教育の学校で英語が強みになっていないところは少ないですね。

一方で、伝統的な教育の学校について、高い偏差値校の英語は総じて読み書きが偏重され、挫折者が多いという事情が少なからずあります。

私立女子校の英語教育は、ほぼうまくいっているところが多く、いわゆる中下位校でも相当の技能をつけられ、これが大学受験での強みにつながっています。

一方で私立男子校の強みは理数系で、偏差値に従っての強みともなりがちです。とりわけ難関校の理数系は強み中の強みと言ってよいでしょう。その最大の貢献は何と言っても平面幾何の戦前からの継続で、これが大学での知的基盤になってもいます。

様々な学外イベントで私立が比較的多く取り組んでいるのは合唱コンクールとか、理数系のタイトル獲得戦です。

後者は学校内部にそのようなクラブがあり、いわば理数系の甲子園といった趣で、有名な数学オリンピックやＴＶの高校生クイズのようなものから、地味な討論大会など、やはり私立は勉強もスポーツも個人戦での強みです。

なお、スポーツは、スポーツ強豪校に特化した私学以外では実績はいまひとつ。ただし暁星のサッカー部など一部例外もあります。

6カ年一貫の重みが出る文化系や体育祭は、やはり中学だけ、高校だけの公立校に比べれば、文化の香りが高い点が強みです。

一般に行事については偏差値よりも伝統の古さに由来する、素晴らしい取り組みが私立に多くみられます。新興私立にはそこの弱さがありましたが、近年の共学ブームで、女子がリードする形で共学新興校も行事が活発化してきています。

大きく違う教員文化の浸透　進路面の差は埋まってきた

さて、公私を最も分けるのは、よくも悪くも教員の大半が異動のない私立と、定期で異動する公立の教員文化でしょう。生徒はたかだか6カ年ですが、先生は20年、30年以上いるのですから、自ずと教員文化が生徒文化に多大な影響を与えます。学校文化も、私学の場合は教員文化が、伝統校では要となります。

よく比較検討されるようになった公立中高一貫校は、都立校などがつくった学校だけに高校については学校文化が予想がつくのですが、中学校については「私立もどき公立中学」ともいうべき面が強く、恐らく最も公立中学との差別化を意識して、かつ成功しているように思います。これらは教育の内容であったり、科目時間数の多さであったりす

中学受験WATCHING

NAVIGATOR

森上 展安
もりがみ・のぶやす
森上教育研究所所長。
受験をキーワードに幅広く教育問題をあつかう。
保護者と受験のかかわりをサポートすべく「親のスキル研究会」主宰。
近著に『入りやすくてお得な学校』『中学受験図鑑』などがある。

るものの、実のところ教員が異動するので血肉化する、つまり文化慣習となるという点で私立と対比すれば、漬け物でいえば浅漬け、味付けで言えば薄味ということは否定できません。

私立の中高一貫校も実は学校文化の古層は中学にあって、最も弱みといえたのは都立県立高校に比べると明らかに大学進路指導でした。したがって一部の難関男子校や女子校はともかく、まあ中堅以下私立中高一貫校の弱みは、むしろ高校部分にあった、といってよいと思います。

この点、私立でも有名附属高校は特異な位置にあり、受験校ではなく「大学教養部」的というのがもともとの性格だったので知的資産としてはリベラルアーツの極めてよいものを持っていました。

早慶や学習院、武蔵、成城、成蹊、青山学院、立教、立教女学院、玉川学園などといったところはその意味で今でもその持ち味を残したよさがあります。

しかし、この10年ほどで戦前からの有名校も含めて大学の序列化が進み、附属高校といっても他大学への進学校という面を前面に出さざるをえなくなり、いかに中高一貫校の持ち味と両立させるかに、多かれ少なかれ工夫を求められています。

ただ、そうした私立中堅校の進学面での弱みも過去2度の私立中ブームのおかげで改善されつつあり、都県立中上位校と遜色ないところまでにはなりました。

しかし、学校生活の充実と進路先の確保とはそう簡単ではありません。かつての都県立上位校のような優秀児の囲い込みはできない相談で、中学から育ててあげるしか方法がない。その意味では育てあげる難しさもあります。

思春期の高校受験のプレッシャーがない代わりに大学受験のプレッシャーが強く働くケースもあります。

親の注目点として、やはり思春期を過ごすにはどの強みのある学校が合っているのか、という点が大きいでしょう。

SCHOOL TOPICS

共立女子第二中学校

~伝統と改革~ 自立した女性の育成を目指す共立第二の進化

東京
八王子市
女子校

大学施設を中・高の校舎としてリニューアルし、2011年1月に新校舎に移転した共立女子第二中学校・高等学校。豊かな自然に囲まれた広大な敷地、そして生活空間としても快適に過ごせるよう設計された校舎で、生徒たちは落ち着いて勉強に取り組んでいます。また、先取り学習導入を中心に据えた「教育制度改革」も順調に進んでおり、進学校としての機能を強化しつつ、のびやかでしなやかな女性の育成を目指す教育をさらに進化させています。

■豊かな自然と充実の施設 安心の進学システム

共立女子第二中学校高等学校は、誠実・勤勉・友愛という校訓の下、高い知性・教養と技能を備え、品位高く人間性豊かな女性の育成に取り組んでいます。豊かな自然や充実した施設を背景に、また共立女子大・短大の推薦合格を得ながら外部大学も受験が可能な安心の進学システムの下に、伸び伸びとした教育を展開しています。

■新校舎はすべてがカレッジ水準 居心地の良さが最大の特徴

昨年より利用が開始された新校舎の中心となる1号館には、各階に「オープンスペース」（4室）が設けられています。コンセプトは「個々の居場所をさまざまなスタイルで共有するスペース」。勉強中心の教室とは別の空間をつくることで、生徒にとって家庭のように居心地のよい場所を提供したいという思いが込められています。生徒の多くがこのスペースを使って、休み時間に読書をしたり、自習したりしています。机や椅子を移動させることもできるので、グループ討議にも使用可能と、思い思いのスタイルで活用できる嬉しいスペースです。また、教師とのコミュニケーションの場ともなっており、積極的に質問をする生徒も増えました。

この1号館などいくつかの校舎に囲まれた、バラ園も広がる美しい中庭。ブラウジングコーナー、文芸図書コーナー、学習閲覧室など、多彩な顔を持つ広い図

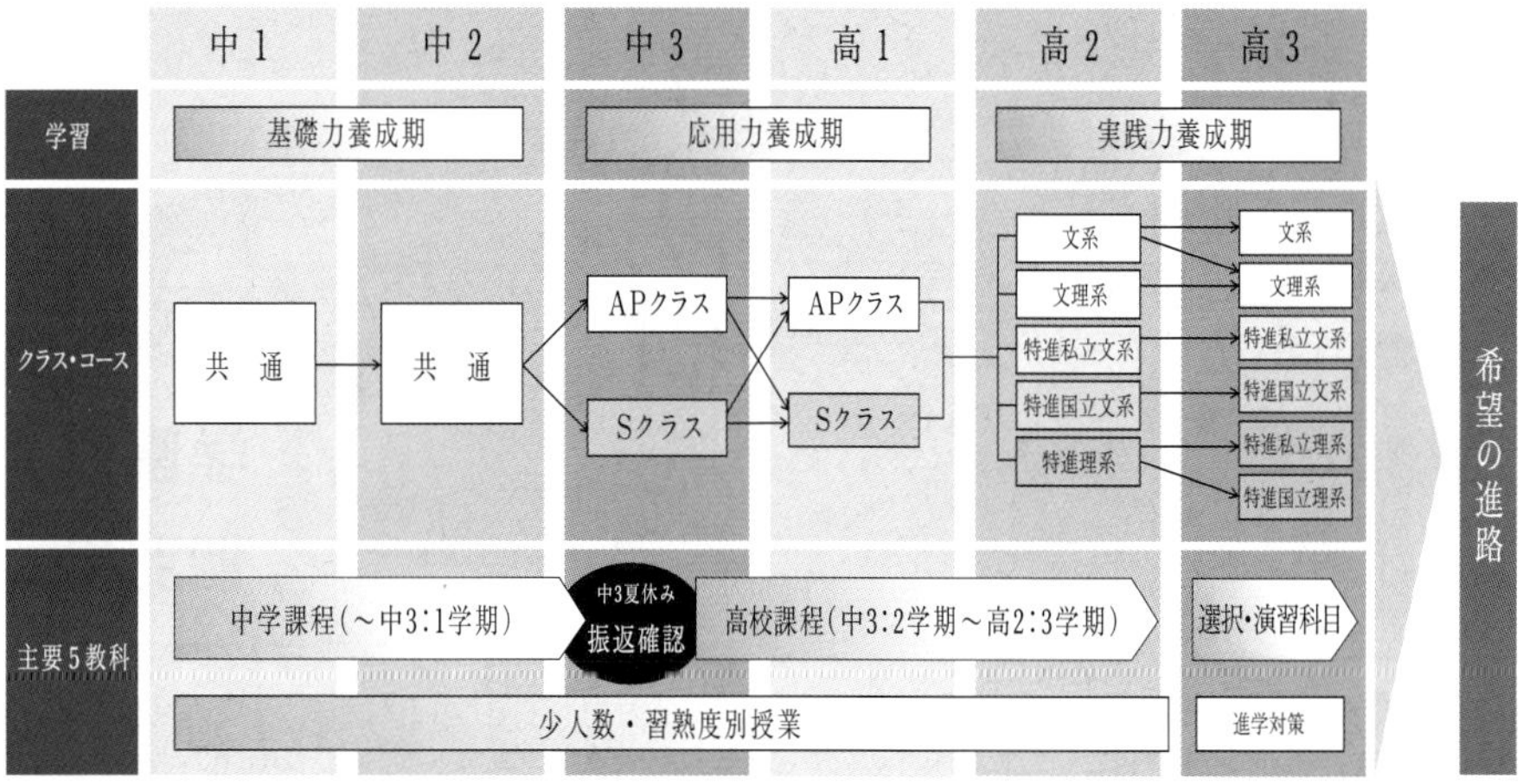

書館。さらに自習室やランチコーナーなども新たに設置され、生徒一人ひとり、いつもどこかに居場所がある、そんな居心地のよいキャンパスとなっています。

■先取り学習導入による 進学指導の強化にも注力

より付加価値の高い「進学校」を目指して、大規模な教育制度改革にも取り組んでいます。その先駆けとしてすでに21年度から、中学3年、高校1年にAPクラス（Advanced Placement Class)を導入し、難関大学進学を視野に入れて深化・発展した授業を行っています。

さらに23年度からはカリキュラムの改定も実施。中3の1学期までに中学過程を終了し、2学期から高校課程に入る先取り学習を、主要5教科すべてで開始しました。中学3年の夏休みを「中学課程全体の振り返り・確認の期間」と位置づけ、確かな基礎学力の定着を図っています。

また無理なく先取り学習を推進できるように主要5教科の単位増を行い、行事も見直すなど、年間授業日数の増加にも取り組んでいます。

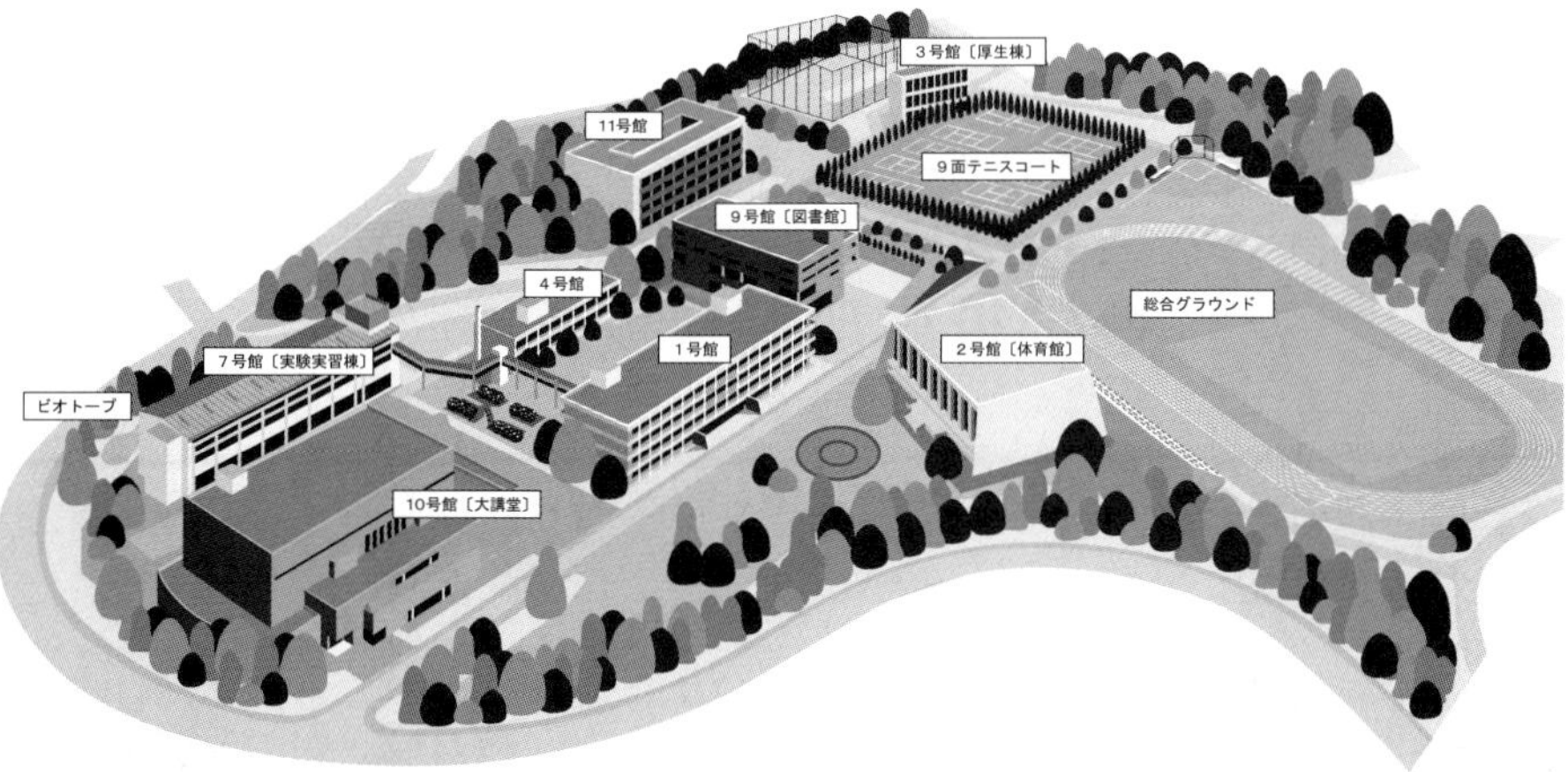

■適性検査受験・給付奨学金制度 ～魅力的な入試制度

一般的な2科・4科試験に加えて、中高一貫校と同様の適性検査で受験できる総合選抜入試も実施しています。午後入試は時間差を設けてスタート時間を選べるようになっており、受験しやすい体制を整えています。また、入試の合計得点率により入学金や授業料等を免除する「給付奨学金制度」も設けています。S奨学生では、授業料や施設設備費を3年間免除します。適性検査で受験する総合選抜入試にもこの制度は導入されています。

◇文化祭（白亜祭）

9月15日(土) 10:30～15:30（受験生公開日）

◇学校説明会

9月 8日(土) 10：30～（授業参観あり）
10月13日(土) 14：00～（体験授業あり）
11月 8日(木) 10：30～（授業参観あり）
12月 8日(土) 14：00～
1月12日(土) 10：30～（総合選抜入試用）
1月13日(日) 9：30～（※ 入試体験：要予約）

※ 受験生には過去問による入試疑似体験、保護者には説明会を実施。

共立女子第二中学校

〒193-8666 東京都八王子市元八王子町1-710
tel.042-661-9952　e-mail.k2kouhou@kyoritsu-wu.ac.jp

http://www.kyoritsu-wu.ac.jp/nichukou/

※JR中央線・横浜線・八高線「八王子駅」南口よりスクールバスで約20分。
JR中央線・京王線「高尾駅」より徒歩5分の学園バスターミナルよりスクールバスで約10分。

http://www.adachigakuen-jh.ed.jp/
君を磨く、
足立学園。
学園祭　9/22(土)・23(日)
個別相談コーナーあります
◆オープンキャンパス(予約が必要です)
・10/20(土) 14:00～
◆学校説明会　中学校　10:00 ～
9/8 土
10/24 水
11/10 土
12/1 土
1/12 土
学校法人 足立学園
足立学園中学校
ADACHIGAKUEN JUNIOR HIGH SCHOOL
〒120-0026　東京都足立区千住旭町 40-24
TEL. 03-3888-5331　FAX. 03-3888-6720
ホームページ▶http://www.adachigakuen-jh.ed.jp/
●東京メトロ千代田線、日比谷線 ●JR 常磐線 ●東武伊勢崎線 ●つくばエクスプレス線　北千住駅東口徒歩1分　●京成線　京成関屋駅7分

大人も子どもも
本からマナブ

**今や環境問題は地球規模で考えなければいけない課題です。
この課題を「ごみ」という視点から考えた本と、
受験勉強にも役立つ「脳」の機能に関する本をご紹介します。**

BOOKS COLLECTION 27

私たちの地球のことを「ごみ」から考え直してみよう

子ども向け

新版 ごみから地球を考える

八太 昭道 著
岩波ジュニア新書
840円+税

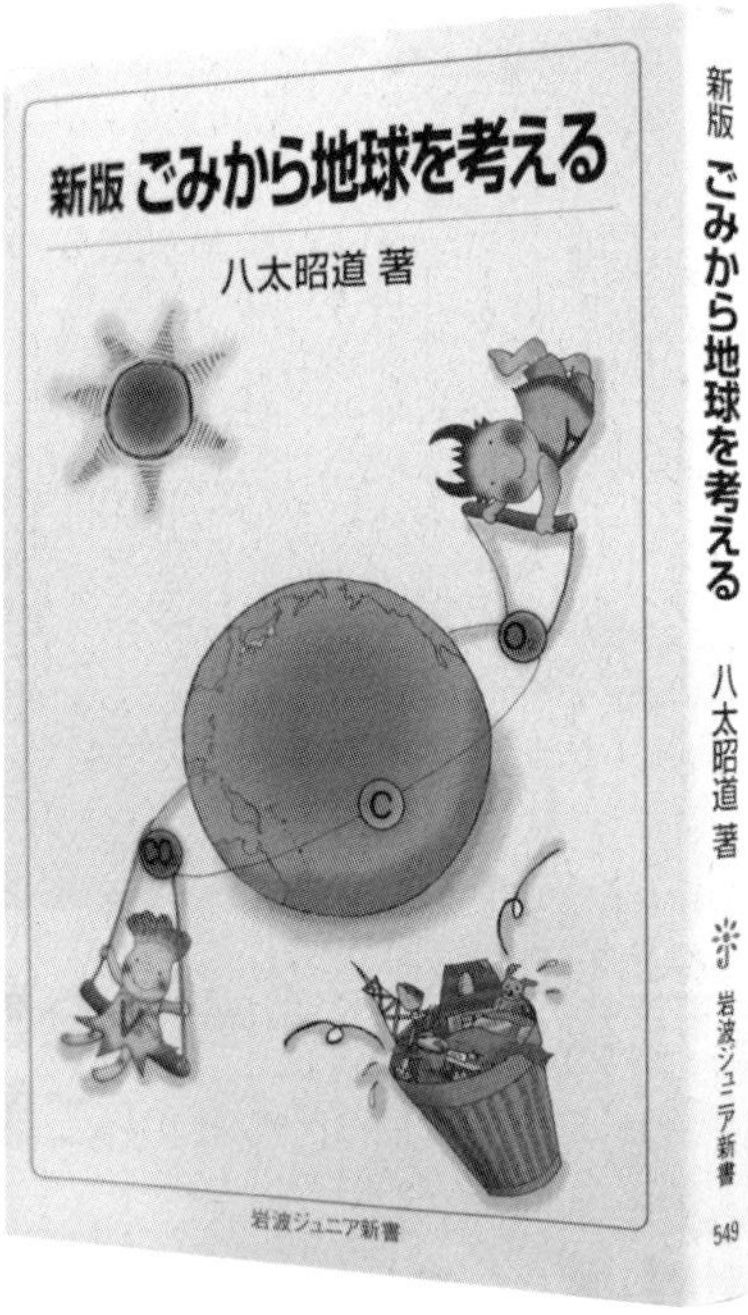

私たちの住む地球は、しばしば宇宙船「地球号」とたとえられます。この宇宙船は、急激な地球温暖化により、今、深刻な環境問題を抱えています。

この地球をどうすべきなのか。それを「ごみ」を中心に考えてみるというのが、この『ごみから地球を考える』です。

「ごみ」はいらないもの、不要なものとされています。その「ごみ」を社会･産業･行政など、様々な切り口から分かりやすく説いています。とても身近な「ごみ問題」は、私たちにとって避けては通れない課題となっています。

地球環境を守るため、そして、「ごみゼロ社会」を実現していくために、私たちはどうすればいいのでしょうか。まずは､「ごみ」が抱える問題を正しく知ることから始めてみましょう。

この本の著者は、長く環境や「ごみ問題」とかかわってきました。「ごみ」を中心にリサイクル、エネルギー、社会・経済との関連を考えながら、この地球をどう守っていくべきかを提案しています。著者は強調します。「ごみは地球を救う」と。この言葉の意味を、一緒に考えてみませんか。

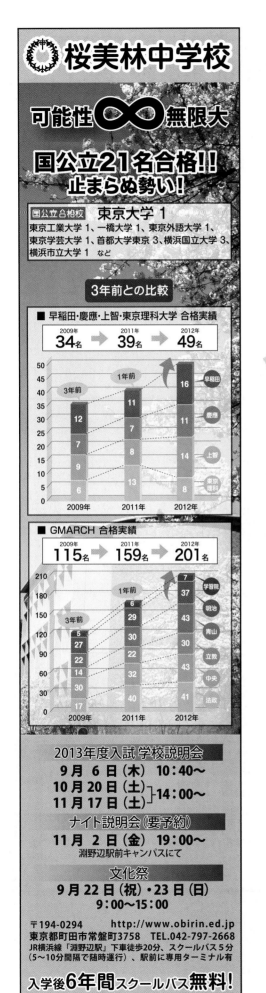

より効果的な学習を実現するため脳のしくみを考えてみたい

大人向け

脳が冴える勉強法

築山 節 著
NHK出版新書
740円＋税

近年、脳科学が急速に発展し、これまでとは少し異なったアプローチから、脳の働きも考えられるようになってきました。脳の活性化を促し、より効果的な勉強法を模索してみようというのが本書の狙いです。

著者は、脳神経外科の専門医であり、多くの診断治療にかかわってきた経験から、脳科学の立場からの勉強法を具体的に解説しています。脳の仕組みや働きを医学的に説明するよりも、脳をいかにして活性化できるかを、脳の覚醒、記憶の構造、脳の休息などの観点から、分かりやすく説明しています。

著者が特に強調することが、健全な脳を育てるために大切なのは、「子どもの話を聞いてあげること」だといいます。子どもの脳は「後ろ」から「前」にかけて発達するものであり、思考系を育てるために大切なのは、その「後ろ」に入っている情報をぐっと「前」に引き出すことだそうです。そのために必要なのは、子どもによる出力であり、それが話をすることです。したがって、子どもの話をじっくりと聞いてあげることは、より好ましい脳の発達につながっていくのだといいます。

本書では、効果的に脳を休ませることのできる睡眠法についても言及されています。受験直前の子どもたちにとって、効果的な睡眠は非常に大切です。同時に、就寝直前の学習方法や内容についても説明されています。受験生をお持ちのみなさんにとって、参考になる内容がたくさん詰まっているのではないでしょうか。

未来にまっすぐ、
ひたむきに―。

OHYU GAKUEN

Girls' Junior & Senior High School

学校説明会 いずれも10：00～11：30（インターネット予約制）

9月 5日（水）　9月11日（火）　10月20日（土）
11月16日（金）　11月24日（土）＊全日程、説明会終了後授業見学

入試対策講座（インターネット予約制・6年生対象）

12月15日（土）13：00～14：30、15：00～16：30

2013年度入試要項（予定）

	第1回	第2回	第3回
募集人員	約140名	約60名	約20名
入学試験日	2/1（金）	2/2（土）	2/4（月）

＊入試科目は全日程4教科

学園祭
9月22日（土・祝）
9月23日（日）

鷗友学園
女子中学高等学校
OHYU
GAKUEN
Girls' Junior & Senior High School

よろこびと真剣さあふれる学園

鷗友学園女子中学高等学校

〒156-8551 東京都世田谷区宮坂1-5-30 TEL 03-3420-0136 FAX 03-3420-8782
URL http://www.ohyu.jp/　E-mail info@ohyu.jp

NEWS2012

放鳥トキのひな　巣立ち

2012年５月25日、前年に放鳥されていたトキのひなが、38年ぶりとなる自然界での巣立ちを果たし、続いて今年生まれたひな８羽すべてが次々と巣立ちました。

これらのひなたちには、全国から公募した、「みらい」、「ゆめ」、「きぼう」、「きずな」、「ぎん」、「きせき」、「そら」、「美羽（みう）」という名前がつけられています。

野生下でヒナが誕生したのは1976年以来36年ぶり、巣立ったのは1974年以来38年ぶりのことでした。

トキ（朱鷺、鴇、学名：Nipponia nippon=ニッポニアニッポン）は、コウノトリ目トキ科の鳥で、国の特別天然記念物です。体長は約76cm、翼開長は140cmほど。顔の肌が露出している部分と、くちばしの先端、脚が朱色で、翼や尾羽の裏側は、「朱鷺色《ときいろ》」と呼ばれる朱色がかったピンク色をしており、きれいな水に棲むカエルやドジョウなどの川魚を好みます。

すっかり大きくなったトキの幼鳥たち～新潟県佐渡市［代表撮影］～（時事:撮影日2012年６月９日）

19世紀までは東アジアに広く分布していて珍しくない鳥でしたが、いずれの国でも、乱獲や開発によって20世紀前半には激減しました。日本では2003年、最後の日本産トキ「キン」が死亡したことにより、生き残っているのは中国産の子孫のみとなってしまいました。

1999年1月30日、中国からオスの「ヨウヨウ（友友）」とメスの「ヤンヤン（洋洋）」が日本に寄贈され、２羽は新潟県の佐渡トキ保護センターで飼育されて人工繁殖が始まりました。同年5月21日には、「ヨウヨウ」と「ヤンヤン」の間にオスのヒナ「ユウユウ（優優）」が誕生、これが日本初の人工繁殖例で、その後、順調に人工飼育数は増加していきました。

2007年6月末から「順化ケージ」での野生復帰訓練が始められ、第1回として2008年9月25日に、佐渡市で10羽が試験放鳥されました。佐渡島の空にトキが羽ばたいたのは1981年、野生下にいたトキを一斉保護、飼育下に移して以来、27年ぶりのことでした。これ以降、2012年6月までに計6回（2011年からは春と秋の年2回放鳥）、91羽を放鳥しています。しかし、野生下ではなかなかひなは誕生しませんでした。

2012年４月22日、前年に放鳥されたトキ同士のつがい（３歳オスと２歳メス）から、ひなの誕生が確認され、翌23日には同じつがいの卵から、さらに２羽が孵化していたことが判明、その後に確認されたひなも含めると、３組のつがいから計８羽、ひなが孵化しました。この８羽すべてが５月、巣立ちを果たしたわけです。

巣立ちしたひなたちは、巣立ち後およそ２か月の間、親鳥と行動をともにし、餌のとり方や身の守り方を覚え、ひとり立ちします。この本が読まれているころには立派な成鳥となり空を飛び回っていることでしょう。

入試問題ならこう出題される

入試によく出る時事ワード

基本問題

2012年5月、日本では38年ぶりに自然界で、特別天然記念物に指定されている鳥のひなが巣立ちました。その鳥は［①　　　］です。

巣立った［①　　　］のひなは全部で［②　　　］羽でした。そのひなには全国から公募した名前がつけられました。その名前をひとつ答えなさい。［③　　　］

［①　　　］と同じように日本の特別天然記念物に指定されている鳥をひとつあげなさい。［④　　　］

発展問題

かつてのように数多くの［①　　　］が日本の空を飛び回り、その姿を人々が観賞できるようになるためには、これからどのような取り組みが必要ですか。あなたの考えを150字以内で書きましょう。

基本問題　解答

①トキ（朱鷺、鴇）　②8　③「みらい」、「ゆめ」、「きぼう」、「きずな」、「ぎん」、「きせき」、「そら」、「美羽（みう）」のいずれか。
④コウノトリ、タンチョウ、アホウドリ、カンムリワシ、ライチョウ、ノグチゲラ、メグロ、青森県小湊のハクチョウ、山口県八代のツル、高知県土佐のオナガドリ、鹿児島県のツル、などのうちいずれか。
※「**特別天然記念物**」＝天然記念物のうち、世界的に、また国家的に価値が特に高いとして、国が文化財保護法により指定しているもの。

発展問題　解答（例）

トキが安心して生活できる環境を作るために農薬の使用を減らしたり、えさになるカエルやドジョウが生息できる環境を整える必要があります。全国の人々にもトキなどの動物愛護に関心を持ってもらう必要があります。トキを保護することは生態系を含めた自然を守ることになり、やがては人間の生活を守ることにつながります。（149字）

大妻多摩という美意識

美しい自然環境の中、女性らしさと高い学力を育てる進学校

大妻多摩は、伝統の女子教育を活かし、社会貢献できる高い学力と品性を備えた美しい女性を育てます。

毎年ほとんどの生徒が、受験で難関大学へと進学しています。

授業はもとより、学校行事やクラブ活動など、学校生活のあらゆる場面が学びの場です。

だからこそ、この美しい環境、素晴らしい友、先生との出会いが大切なのです。

豊かな緑と私学ならではの秀逸な施設を備える絶好の教育環境で、あなたも自分を磨いてみませんか。

■学校説明会（要上履）

9/30（日） 10：00～12：30
主に5年生以下対象

10/12（金） 10：30～12：30
主に6年生対象

11/19（月） 10：40～12：40
主に5年生以下対象

11/25（日） 10：00～12：30
6年生対象
※ワンポイント授業・アドバイスあり。

■学校行事・イベント

文化祭（要上履）
9/15（土） 10：00～16：00
9/16（日） 9：00～15：00

中学生活体験日（要上履）
11/ 3（土） 10：00～13：00頃
※HPから要予約

入試模擬体験（要上履）
1/ 6（日） 10：00～12：30頃
6年生対象 ※HPから要予約

合唱祭
1/25（金） 12：10～16：20
於 パルテノン多摩
※要電話予約

■入試日程

第1回 2/1（金） 4科目
午後入試 2/1（金） 2科目
①3：30と② 3：45 開始
第2回 2/2（土） 4科目
第3回 2/4（月） 4科目

※学校見学は随時受付（要電話予約）

大妻多摩中学校

http://www.otsuma-tama.ed.jp/

〒206-8540 東京都多摩市唐木田2-7-1 TEL 042-372-9113（入試係）／小田急多摩線唐木田駅下車 徒歩7分

科学館や博物館に行って算数・理科を学ぼう!!

机に向かって参考書や問題集に取り組むだけが勉強じゃない！親子で楽しめて、さらに算数や理科についても学ぶことができる科学館・博物館を紹介します。

日本科学未来館

所在地：東京都江東区青海2-3-6
TEL：03-3570-9151
アクセス：新交通ゆりかもめ「テレコムセンター」徒歩4分、「船の科学館」徒歩5分
開館時間：10:00～17:00（入館は16:30まで）
休館日：毎週火曜日（祝日、春・夏・冬休み中は開館）、年末年始ほか
入館料：大人600円　18歳以下200円
HP：http://www.miraikan.jst.go.jp/

先端の科学に触れ、楽しむことができる参加体験型の展示や、科学者・技術者、科学コミュニケーター、ボランティアとの交流をとおして、科学を身近に感じることができる日本科学未来館。

宇宙に輝く地球を360°見ることができる有機ELパネルを使った地球ディスプレイ「Geo-Cosmos」をはじめ、有人潜水調査船「しんかい6500」の原寸大模型、脳やゲノムを知ることができる展示、ヒューマノイドロボット「ASIMO」など、科学技術がどのように社会に役立てられていくのかを分かりやすく体験できるのが魅力だ。全天周3D映像とプラネタリウムが楽しめるドームシアターガイアや、仮想空間を疑似体験できるVRシアター、実験ができる実験工房もある。

国立科学博物館

所在地：東京都台東区上野公園7-20
TEL：03-5777-8600（ハローダイヤル）
アクセス：JR各線「上野」徒歩5分、地下鉄銀座線・地下鉄日比谷線「上野」・京成線「京成上野」徒歩10分
開館時間：9:00～17:00（入館は16:30まで）、金曜日のみ9:00～20:00（入館は19:30まで）
休館日：月曜日（祝日の場合は翌日）、年末年始ほか
入館料：一般・大学生600円、高校生以下無料
HP：http://www.kahaku.go.jp/

「科博」の名で親しまれている、上野公園のなかにある国立科学博物館。屋外展示の大きなシロナガスクジラの模型とD51型蒸気機関車が目印だ。

国立科学博物館は1877年（明治10年）に設立された、135年もの歴史を持つ国立の唯一の総合科学博物館。日本列島や日本人の成り立ち、日本人と自然とのかかわりの歴史を展示している「日本館」と、地球の多様な生きものがどう進化してきたかを展示している「地球館」には、恐竜の化石や様々な生きものの剥製など、おもしろい展示物がたくさん。

そのほかにも、科学技術に関する展示物などもあり、その数はなんと合わせて1万4000点と、1日かかっても見きれないほど。何度も足を運びたくなる博物館だ。

筑波宇宙センター展示館「スペースドーム」

提供：JAXA

所在地：茨城県つくば市千現2-1-1
ＴＥＬ：029-868-2023
アクセス：JR常磐線「荒川沖」・つくばエクスプレス線「つくば」よりバス
開館時間：10:00～17:00
休館日：施設点検日、年末年始ほか
入館料：無料
HP：http://www.jaxa.jp/visit/tsukuba/

２年前、筑波宇宙センター内にオープンして以来、来場者50万人を超える展示館「スペースドーム」。

日本の宇宙開発を進めてきた宇宙航空研究開発機構（JAXA）のこれまでの歩みと取り組みを、分野ごとに分かりやすく、楽しく紹介しているのが人気の理由で、誰でも自由に見学することができる。

実際に使用されたロケットエンジンなど、宇宙に関する展示物を間近で見ることができる。

遠い宇宙のことに関心を持ったなら、ぜひ１度訪れてほしい博物館だ。

三菱みなとみらい技術館

所在地：神奈川県横浜市西区みなとみらい3-3-1　三菱重工横浜ビル
ＴＥＬ：045-200-7351
アクセス：みなとみらい線「みなとみらい」徒歩3分、JR根岸線・横浜市営地下鉄「桜木町」徒歩8分
開館時間：10:00～17:00（入館は16:30まで）
休館日：月曜日（祝日の場合は翌日）、年末年始、特定休館日
入館料：大人300円、中・高校生200円、小学生100円
HP：http://www.mhi.co.jp/museum/

最先端技術に触れ、現代のテクノロジーが人々の生活をどのように支えているかを学ぶことができる技術館。展示ゾーンは航空宇宙、海洋、交通・輸送、くらしの発見、環境・エネルギー、技術探検の６つに分かれており、迫力ある実機や大型模型などが見どころだ。

また、当日先着順の「トライアルスクエア」では、ヘリコプターの操縦シミュレーションや、蒸気機関車、自動車の製作体験、ジェット機・深海潜水艇の設計体験など、楽しみながらものづくりを味わうことができる。

千葉県立現代産業科学館

所在地：千葉県市川市鬼高1-1-3
ＴＥＬ：047-379-2000
アクセス：京成線「鬼越」徒歩13分、JR総武線「下総中山」・「本八幡」徒歩15分
開館時間：9:00～16:30（入館は16:00まで）
休館日：月曜日（祝日の場合はその翌日）、年末年始
入館料：一般300円、高・大学生150円、中学生以下無料
※企画展開催期間は別料金
HP：http://www.chiba-muse.or.jp/SCIENCE/

実際に産業に応用された科学技術を体験しながら大人も子どもも楽しく学べる千葉県立産業科学館。「現代産業の歴史」、「先端技術への招待」、「創造の広場」の３部門の展示に加え、楽しくて不思議な科学実験に参加することができる。実験は液体窒素の冷凍実験や、放電実験、形状記憶合金や衝撃吸収ゲルなどの新素材を使用したものなど様々。また、プラネタリウムや全天周大型映像の上映などが楽しめる直径23mの円型ドームも見所のひとつ。楽しい科学実験をとおして現在の産業についても詳しくなれる科学館だ。

パナソニックセンター東京「リスーピア」

所在地：東京都江東区有明3-5-1 パナソニックセンター内
ＴＥＬ：03-3599-2600
アクセス：りんかい線「国際展示場」徒歩2分、新交通ゆりかもめ「有明」徒歩3分
開館時間：10:00～18:00（入館は17:00まで）
休館日：月曜日、年末年始ほか
入館料：3階ディスカバリーフィールド大人500円、高校生以下無料
HP：http://risupia.panasonic.co.jp/

リスーピアは、日常に潜む理科の面白さや驚き、数学の美しさや不思議とふれあうことをコンセプトにつくられた、子どものための体感型ミュージアムだ。理数の原理や法則を、見て、触れて、楽しみながら体感することができる。

「クエストフロア」と「ディスカバリーフロア」に分かれており、数々の体験型展示のほか、不定期で、理数をテーマにしたサイエンスショーやワークショップも開催されている。子どもの「なぜ？」を「なるほど！」に変える発見や体験が満載だ。

ジュクゴンザウルスに挑戦

熟語パズル

「熟語のことならなんでも知ってるぞ」っていうジュクゴンザウルスが、「このパズル解けるかな」っていばっているぞ。さあ、みんなで挑戦してみよう。

【問題】 左の表には、百という漢字を含んだ熟語が９つ隠れています。**【ヒント】**と**【例】**を参考にして、全て探し出してください。隠れている熟語はタテ、ヨコ、ナナメに一直線に並んでいますが、下から上に読んだり、右から左に並んでいることもあります。線を書いて消していくと分かりやすいでしょう。**【答えは１１７ページ】**

出	百	論	議	百
一	中	八	人	家
罰	足	百	嘘	争
百	様	屋	発	鳴
戒	乱	繚	花	百

【ヒント】

四字熟語

①多くの学者や専門家が、意見を自由に発表し、活発に論争すること。

②多くの花が一度に咲き乱れること。転じて、優れた業績や人物が一時期に数多く現れること。

③ひとつの罪や過ちを罰することで、他の戒めにすること。

④数多くの意見が次々と出ること。

⑤矢や弾丸が全て命中すること。転じて、計画や予想がすべて当たること。

⑥人は全て性格・行動・考えなどが異なること。

三字熟語

⑦多くの嘘、全くのでたらめ。

⑧野菜類を売る店。

二字熟語

⑨足の数が多い節足動物。読みはムカデ。

【例】 左の表には、百という漢字が入る次の三字熟語が隠れています。全て探し出してください。

百貨店
百面相
百葉箱
百万言
百分率

【例】

百	店	貨	百
分	面	葉	万
率	箱	相	言

【例】の答え

百	店	貨	百
分	面	葉	万
率	箱	相	言

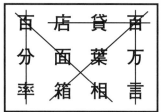

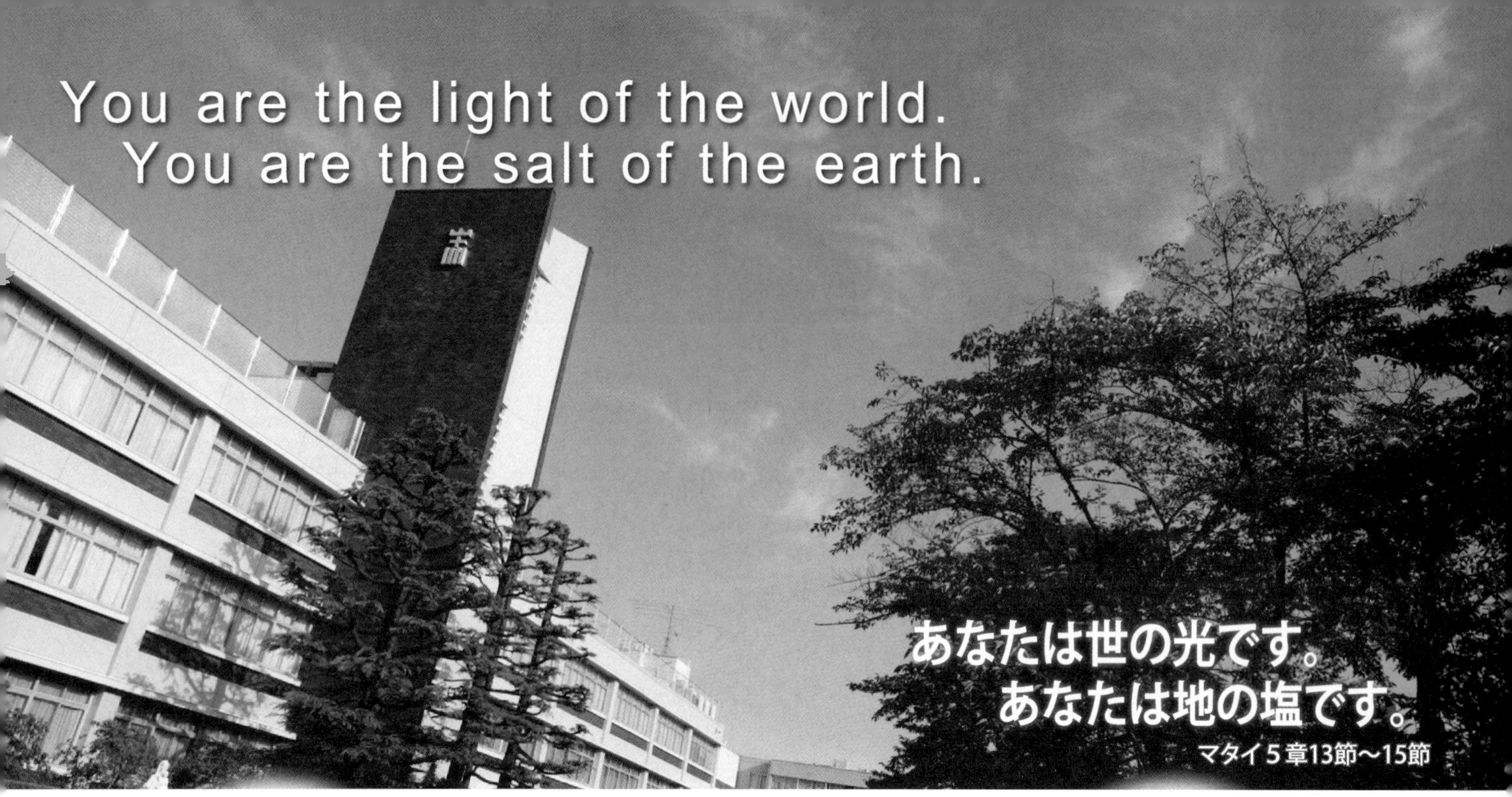

You are the light of the world.
You are the salt of the earth.
あなたは世の光です。
あなたは地の塩です。
マタイ５章13節～15節

そのままのあなたがすばらしい

入試説明会

［本学院］ ※申込不要

9.15（土）
9：30～11：00
終了後 校内見学・授業参観（～11：30）

10.12（金）
10：00～11：30
終了後 校内見学・授業参観（～12：00）

11.18（日）
14：00～15：30
終了後 校内見学（～16：00）

校内見学会

［本学院］ ※申込必要

9. 29（土） 10：30～11：00

10. 6（土） 10：30～11：00

2013 **1. 7**（月） 10：30～11：00（6年生対象）

2013 **1.19**（土） 10：30～11：00（6年生対象）

【申込方法】
電話で「希望日」「氏名」「参加人数」をお知らせください。

過去問説明会

［本学院］ ※申込必要

12. 1（土）
● 6年生対象
14：00～16：00（申込締切11/21）

【申込方法】

ハガキに「過去問説明会参加希望」「受験生氏名（ふりがな付）」「学年」「住所」「電話番号」、保護者も出席の場合は「保護者参加人数」を記入し、光塩女子学院広報係宛にお送りください。後日受講票をお送りいたします。

公開行事

［本学院］ ※申込不要

［親睦会（バザー）］
10.28（日） 9：30～15：00
生徒による光塩質問コーナーあり

光塩女子学院中等科

〒166-0003　東京都杉並区高円寺南2-33-28　tel.03-3315-1911（代表）　http://www.koen-ejh.ed.jp/
交通…JR「高円寺駅」下車南口徒歩12分／東京メトロ丸の内線「東高円寺駅」下車徒歩7分／「新高円寺駅」下車徒歩10分

中3の夏
オーストラリアの冬
21日間の異文化体験

～ぜひ一度、ご来校ください。きっと伸びる理由が見つかります。～

学校説明会 会場:本校(予約不要)

第2回	9月 8日(土)	14:00～	(体験学習 14:00～15:15)
第3回	10月20日(土)	14:00～	(体験学習 14:00～15:15)
第4回	11月 8日(木)	10:00～	
第5回	12月 1日(土)	10:00～	(入試本番模擬体験:要予約 9:00～11:30)
第6回	1月12日(土)	14:00～	(入試直前10点アップ講座)

■学校見学は随時受付中 ■詳細はHPをご覧下さい

京王線北野、JR八王子南口
JR・西武線拝島より

スクールバス運行中。片道約20分。電車の遅れにも対

●ホームステイの様子は 工学院中 ホームステイ で 検索

工学院大学附属中学校
JUNIOR HIGH SCHOOL OF KOGAKUIN UNIVERSITY
〒192-8622 東京都八王子市中野町2647-2

TEL 042-628-4914
FAX 042-623-1376
web-admin@js.kogakuin.ac.jp
http://www.js.kogakuin.ac.jp/junior/または「工学院大学附属中学校」で検索

八王子駅・
拝島駅より
バス

親子でやってみよう　科学マジック

監修：あらきはじめ（東京都市大学非常勤講師）

涼しげな様子で水に浮かぶクリップ

まだ暑い日が続きますね。
そこで、今回は涼しげな水を使ったマジックです。
お父さんやお母さんとチャレンジしてみましょう。
テーブルや部屋をあまりぬらさないように気をつけてくださいね。

1 用意するもの

・ゼムクリップ　10本程度
・コップ
（ガラスのコップを使用するときれいに見えます）

2 クリップを浮かべてみよう

そっと、クリップを水面に浮かべてみましょう。
「さあ、うまくいったら拍手、拍手」
でも、あまりうまくいきませんね。

3 それではちょっと仕掛けを

クリップをひとつ取り出して、十字に見える角度（左の写真参照）に折り曲げましょう。

これが不思議のタネになります。

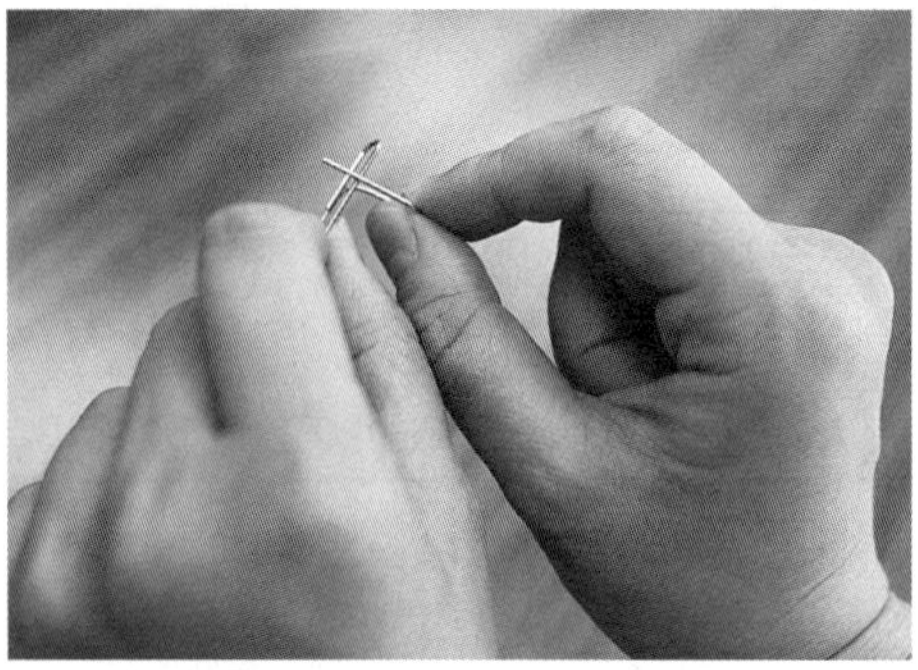

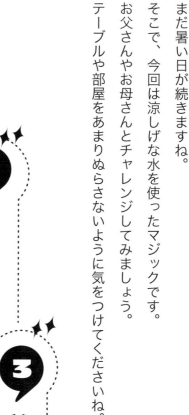

4 折り曲げたクリップが秘密のタネ

折り曲げたクリップを台にして、その上にもうひとつクリップを乗せます。

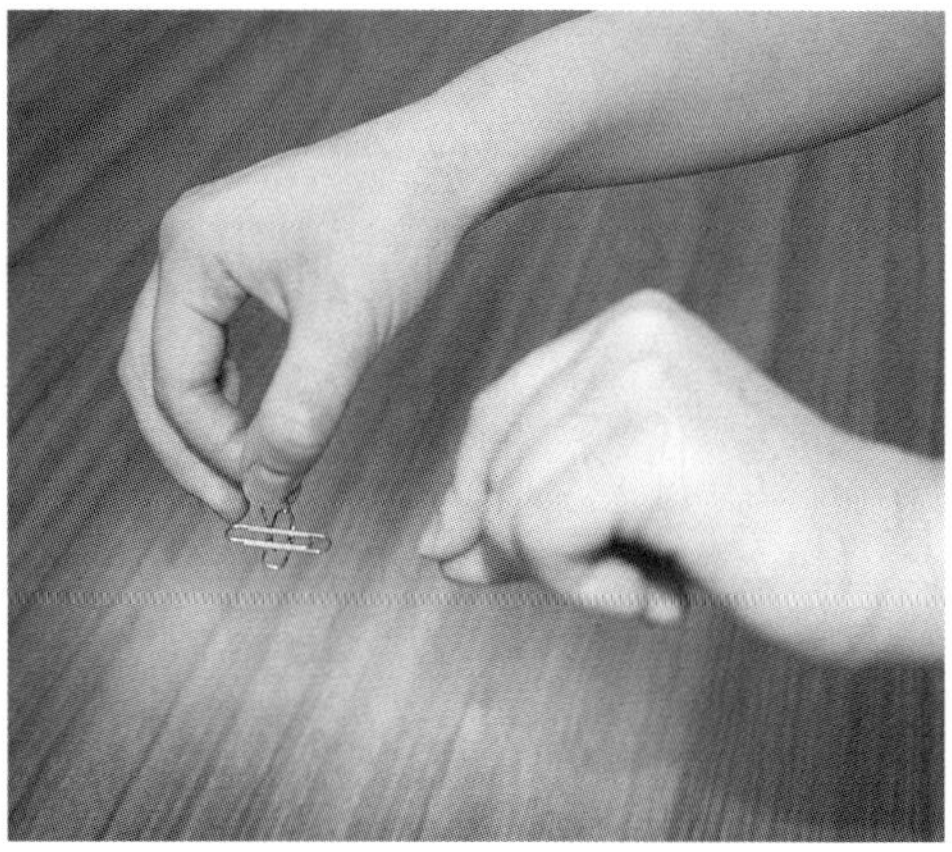

5 あら不思議クリップが浮かびます

台にしたクリップをそっと水面に沈めると…。
不思議、不思議、上のクリップが離れて水に浮かびます。

6 クリップがいくつでも水面に浮かぶ

さあ、この方法なら、いくつでもクリップを水面に浮かべることができます。

解説 液体の表面では、その表面積を小さくするように力が働きます。液体の分子同士は、お互いに引っ張り合い、小さくまとまろうとして、できるだけ表面積を小さくしようとしています。このはたらきを表面張力と言います。水は水分子という小さなつぶが集まってできています。液体のなかでも水は表面張力が大きいので、水分子がしっかりと引っ張りあって表面張力をつくり、そっとおいたクリップの針金を支えます。この方法なら、１円玉も水に浮かべることができます。

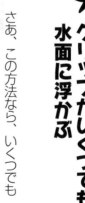

中央大学附属中学校

この一校

Chuo University Junior and Senior High School

進路講演会

中高大の10年間を考えるきっかけに

「進路講演会」は、年に一度、附属高校を卒業した現役の大学生OB・OGに来てもらい、全学年を対象として講演をしてもらうというものです。講演のあとには質疑応答もあり、生徒は学校生活にかかわるあらゆることを先輩にたずねることができます。

社会で活躍している人ではなく、あえて年齢の近い卒業生に来てもらう意図について、進路指導の柳田茂久先生は、「中学生でも、すでにどんなことをこの先学びたいか考えている生徒がいます。そういった生徒と比較的年齢が近い先輩をつなぐことで、そのためには高校時代はこう、中学時代はこうすればいいんだという逆算をして、中学3年＋高校3年＋大学4年の計10年を過ごすきっかけにしてほしいと考えました。また、中・高・大の一貫校とはいえ、開校したばかりの中学生は、まだ高校生とのつながりは薄く、大学生とはもっと薄いわけです。横のつながりは今でもすごく強いので、こうした機会を通じて、縦のつながりも強くなってほしいという思いもあります」と話されます。

今後はさらに内容を充実させながら、附属高校生に講演してもらうことも考えているそうで、将来を考える貴重な機会となりそうです。

プロジェクト・イン・サイエンス

純粋に理科を楽しめる実験を

中学3年生を対象に、通常の理科の授業では扱わないような物理・化学の実験や、ロボットのプログラミングなどをするのが「プロジェクト・イン・サイエンス」です。そのなかから、ロボットプログラミングを担当している森脇啓介先生に、その特徴を語っていただきました。

「生徒の科学リテラシーや、科学的な問題解決能力、自分で考える力を育てることを目的としています。プロジェクト・イン・サイエンスの授業は週に1回あり、私が担当するロボットのプログラミング授業では、レゴの『マインドストームNXT』というロボットを使ってプログラミングを学習します。これを使って障害物の向こう側にあるものを取ってくるにはどうすればいいか考えて、ロボを組み替えたり、プログラミングをしたりします。普通の理科の実験だと、答えがあって筋道も決まっています。これだと教科書を理解するだけになってしまいがちです。しかし、このロボットはレゴですから、いろいろな形に組み替えられるので、方法はひとつではありません。プロジェクト・イン・サイエンスでは、物理・化学も同様に、通常とは違うアプローチで実験を行うことで、純粋に理科を楽しめるような授業を行っています」。

2学期には中大理工学部の協力も得て、大学の実験室での授業も予定されています。

School Data

■所在地／東京都小金井市貫井北町3-22-1
■アクセス／JR中央線「武蔵小金井」徒歩18分、JR中央線「武蔵小金井」・西武新宿線「花小金井」「小平」バス
■TEL／042-381-7651
■URL／http://www.hs.chuo-u.ac.jp/

開校から３年を迎え、中学校３学年がそろった中央大学附属中学校。生徒の様々な可能性を伸ばすべく、個性的な学習プログラムを多数用意しています。今回はそのなかから４つのプログラムをご紹介します。

模擬裁判員裁判

論理的な思考力を身につける

中大との連携教育の一環として中3時に行われる「模擬裁判員裁判」は、中央大学法科大学院（ロースクール）の模擬法廷を利用して行われる体験授業です。担当の伊藤直純先生はこのプログラムの意義についてこう説明されます。

「模擬裁判を通じて法曹の世界に興味を持ってほしいということと、5・6年後には生徒の誰もが実際に裁判員になる可能性があり、その備えという意味もあります。中大ロースクールの模擬法廷は横浜地裁の法廷をそのまま再現しています。そこで裁判員席に座り、こういうところで裁判が行われているということを知るだけでも教育的な効果があります。

　進め方としては、それぞれクラスもバラバラなグループを構成し、まず法廷で事件の概要のDVDを見ます。そのあと、各部屋に分かれて、裁判員になってグループの評議を行います。ここでは弁護士の先生に進行やアドバイスをお願いします。結論は有罪か無罪か、有罪の場合は刑期は何年か、というところまで決めます。制限時間内に結論までたどりつけないグループもありますが、いかに話しあいが難しいかということを知る機会にもなります。生徒は自分の意見を論理的に必死で考え、ほかの人とぶつかりながら話しあうので、そこに面白さを感じてくれています。弁護士の方には、同じようなことを実施している都立高校の高校生よりも、本校の生徒の方が論理的に物事を考えていると評価していただきました。これ以外にも移動教室など外に出る行事がいくつかあり、必ず事前学習と体験、発表をしっかりと結びつけていますので、3年間これを繰り返すことで生徒の考える力は大きく育ちます」

プロジェクト・イン・イングリッシュ

「英語で学ぶ」調査発表プログラム

「プロジェクト・イン・イングリッシュ」は、日本人教師とネイティブスピーカーの教師ふたりによる、英語を使った情報受信・発信を実践する授業です。

　具体的な内容について「あるテーマのもとに1年ずつ学習を進めていきます。中1では自分たちが通っている中大附属中学校について。中2では本校がある小金井市について。そして中3では日本について調べます。身の回りのことから少しずつ幅を広げて調べ、表現していく過程で英語を使っていきます」と中3の英語を担当する三浦麻美子先生は説明されます。これらの内容をまとめて1年の最後に壁新聞（中1）、新聞（中2）、プレゼンテーション（中3）といった形で発表します。

　授業では、発表や質疑応答は全て英語で行われます。プロジェクト・イン・イングリッシュは、英語を中学に入学してから学び始める生徒が多くいるなかで中1からスタートしますが、その点についても「中1は学校について、例えば校舎内に使われている形や色など、調べる作業中心の授業で少しずつ英語を使いますので、抵抗なく入っていくことができます」（三浦先生）とのこと。ただ聞いて話すだけではなく、自分でテーマに沿った調べものをしながら必要に応じた英語を使うため、初めはつたないながらも、授業では活発に質疑応答が行われ、3年にもなると随分と英語力が鍛えられます。

　プロジェクト・イン・イングリッシュは中1から始まり、高2までの5年計画で進められているプログラムです。現在中3の1期生が高2となる2年後には、さらに発展し、充実したプログラムとなることでしょう。

学校説明会　予約不要

9月　8日	（土）	13：30～
10月27日	（土）	13：30～
11月　4日	（日）	11：00～
11月24日	（土）	13：30～
12月　8日	（土）	13：30～
1月12日	（土）	13：30～

蜂桜祭［文化祭］

10月6日（土）・7日（日）

9：00～15：00

※両日とも入試相談コーナーあり

合唱コンクール

11月21日（水）

10：00～12：00

会場：川口総合文化センター

TEIKYO

帝京大学系属

帝京中学校

〒173-8555 東京都板橋区稲荷台27番1号　TEL. 03-3963-6383

● JR埼京線『十条駅』下車徒歩12分

● 都営三田線『板橋本町駅』下車A1出口より徒歩8分

http://www.teikyo.ed.jp

学ナビ!! School Navigator

vol. 029

東京　文京区　女子校

跡見学園中学校

ATOMI GAKUEN Junior High School

跡見らしさとは「人間尊重主義」

1875年の創立以来、「生徒一人ひとりの『個性を伸ばす』」ことを目標とした教育理念は、個性や自主性を尊重する跡見学園の校風となって受け継がれています。その伝統は、「個性尊重主義」から「人間尊重主義」へ新たな息吹を加えながら時代の先を歩み始めています。

◇本物に触れる教育◇

跡見学園では、国際人として自国の優れた文化を理解することを目的に、本物に触れる教育の一環として、世界の一流演奏家、オーケストラによるコンサートや、能・狂言などの鑑賞授業が行われています。

社会科でも、高1で実際の裁判を傍聴するほか、高3では東京弁護士会協力のもと、生徒の手による模擬裁判も行われています。

◇英語教育の重視で進学指導を強化◇

跡見学園では、中高をとおした6年間の一貫教育が実施され、高校での生徒募集はありません。

授業では、英語の授業時間が多く取られているのが特徴で、実践的な基礎力をつけながら、自分の考えを表現することを目標にしています。週に6時間英語の授業があり、中3からは少人数制の習熟度別授業で細やかな指導が行われています。

英会話は週1回、ネイティブスピーカーと日本人教師による授業が展開されています。

進路の選択においては、高2から受験体制を考えた進学コース別カリキュラムを取り入れています。

さて、いまではほかの女子校にも広がっている「ごきげんよう」の挨拶。これは、跡見学園発祥の挨拶で、学校側が強制しているものではなく、生徒の間から自然に生まれ継承されてきたものです。

生徒の自主性が重んじられ、それが伸びやかな校風に結びついている跡見学園です。

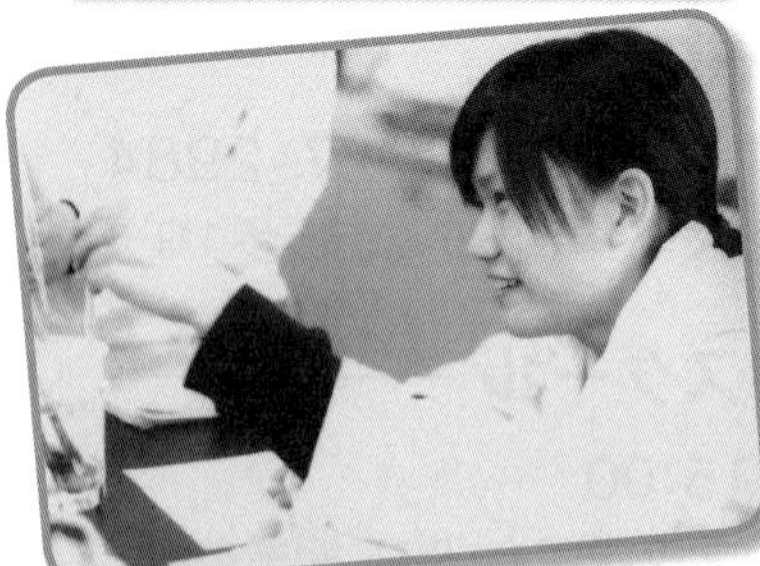

School Data

跡見学園中学校

東京都文京区大塚1-5-9

地下鉄丸ノ内線「茗荷谷」徒歩2分
地下鉄有楽町線「護国寺」徒歩8分

女子のみ815名

03-3941-8167

http://jh.atomi.ac.jp/

学ナビ!! School Navigator vol.030

東京　小金井市　共学校

武蔵野東中学校

MUSASHINO HIGASHI Junior High School

高校受験できるユニークな中学

併設の普通高校を持たず、毎年、首都圏の難関高校に多くの合格者を輩出している武蔵野東中学校。

しっかりした進路指導と、健常児と自閉症児がともに学校生活を送る混合教育でも知られています（自閉症児クラスは別入試・別課程）。

武蔵野東の教育のひとつに、「生命科」の授業があります。週に1時間のこの授業では、自分や他者の存在の重さ、生命の尊さを感じる人間教育を主眼に、環境・生命科学や死生観など、3年間で様々なテーマに取り組みます。

また、1～2年生の英・数、3年生の国・数・英・社・理と論文の授業では、クラスを分割した少人数制の習熟度別授業を取り入れ、一人ひとりの生徒に目のいきとどいた指導がなされています。

行事は生徒全体の運営、そして部活動も盛んで、特に体操、陸上、ダンスは全国レベルの実績があります。

英語に重点をおいたカリキュラム

カリキュラムでは英語に重点をおきます。英語の習熟度別授業の「特別コース」は、英検2級やTOEIC Bridgeにも挑戦していきます。中学2年までに中学校3年分の内容を終え、実に、中学3年の44％が準2級以上を取得しています。

また、オリジナルの「プランノート」を使って自己管理し、自立した学習習慣を獲得していくことも特色のひとつです。

高校進学に向けては、3年生を対象にした「特別進学学習」があります。少人数のゼミ形式で、週3回放課後2時間、入試に向けた学習指導を展開しています。

近年の合格校には国立の筑波大学附属駒場高、都立進学指導重点校の日比谷高、西高、国立高、八王子東高、私立では、早慶の附属高、国際基督教大学高（ICU）、また、ほかの大学附属校などの難関高の名も多くあがり、中学3年60人での驚くべき実績となっています。

School Data

武蔵野東中学校

東京都小金井市緑町2-6-4
JR中央線「東小金井」徒歩７分
男子178名、女子115名
042-384-4311
http://www.musashino-higashi.org/chugaku.php

白梅学園清修中高一貫部

他校とは異なる基軸を持つ白梅清修独自のプログラム

2006年に中高一貫部ができて6年目を向かえる白梅学園清修。長い月日をかけて子どもたちの未来を考えてつくられた、他の学校にはないユニークな白梅学園清修独自のプログラムについて、須藤勝校長先生にお話をうかがいました。

——須藤先生はこの春から校長に着任されましたが、学校の第一印象はどのようなものでしょうか。

「先生と生徒の距離が非常に近い学校ですね。教室もすべてガラス張りでできております。自然光が入ってくるアトリウムには円形のテーブルと椅子が置いてあり、放課後には生徒がそこに集まって勉強し、先生が質問に答えています。1学年の定員が60人と少人数でもあり、とてもフレンドリーな学校です」

——御校では生徒だけではなく、学校と保護者ともよく連絡が取れるシステムができあがっていますね。

「ネットシステムが非常によくできていて、保護者から教員に対して、メールでなんでも質問ができるようになっています。出張などで先生がいないとき以外は、その日のうちに返信するように指導しています。このシステムは開校した時からできあがっていました。また、生徒から先生へ勉強や生活の悩みについてもメールすることができます。このシステムのおかげで家庭と学校、生徒と教師がより近い存在になっています」

——校則がないと伺いましたが、どういった理由でしょうか。

「明文化したものがないということです。文字で書いてあるとそれを信じてしまい、良いか悪いかを考えません。そのかわり先生から口頭での指導はあります。なにかあったときに、きちんと子どもと向き合って、子どもが納得する形ですすめていくから、校則がないのです。そのようにして生徒の『自主・自立・自律』の心を養っていきます」

須藤《すどう》　勝《まさる》 校長先生

白梅清修独自の学習プログラム

——御校での学習についてお伺いします。3ステップ7ステージ制について教えてください。

「本校では、中高6年間を成長に合わせて3つのステップに分けています。それぞれ1~2年生を『基本的な生活習慣の定着』、3~5年生を『自己理解を深め将来設計を考える』、そして6年生で『進路目標の実現をめざす』という成長の軌跡を描いています。そして、各ステップごとに設定されている7つのステージをクリアすることで自分の考えや表現する技術を促していきます。

入学してすぐの英語と数学だけは1クラスを少人数多展開で行っています。文理分けは4年次に希望をとって、5年生から分かれます。2対1くらいの比率で文系の方が多いです」

——STサイクル思考型授業とはどのようなものなのでしょうか。

「STサイクル思考型授業とは、生徒（S）と教師（T）間のコミュニケーションの中で発展力を蓄え、【動機付けのInput】→【知的獲得のFeedback】→【議論のOutput】→【発表のRe-Output】という知力の循環サイクルを行っていくものです。

結果や知識だけを教えるような一方通行の授業では学ぶ楽しさは感じられ

ません。このサイクルにより、知らず知らずのうちに生徒に問題発見・解決・発表能力が身についていくのです。

また、学習環境という面では、すべての教室にパソコンと連動した電子黒板を設置してあり、教師はこれを駆使して授業を行っています。今後は生徒が電子黒板を使って発表できるように取り組んでいく予定です」

――セルフラーニングタイム（SLT）とはどのようなものなのでしょうか。

「これは、月～金曜日までの昼と放課後に設けている勉強の時間です。習ったことをその日のうちに理解し、発展学習を計画し勉強します。自学自習の姿勢や習慣を身につけるためのもので、この時間を使って先生に質問することもできます。

大学受験に向けてかなりの時間を勉強する必要がありますが、高3になっていきなり家で何時間も勉強できるようになるわけではありません。勉強する習慣ができて少しずつ時間を伸ばしていけるのです」

――2回の海外研修が特徴的ですが、詳しくお教えください。

「まず、中2で英国研修に行きます。生徒全員が3週間イギリスに行き、歴史や異文化理解を行うものです。そして高1で2週間フランスを中心にオーストリアやスイスなどEU諸国を回ります。

イギリスでは、実際に向こうの学校の施設で寝泊まりし、他国の生徒といっしょに学校で学びます。英語だけではなく、生活習慣の違いなども肌で感じるわけです。また、現地では引率の先生はなるべく生徒とは距離を置き、自立を促すようにします。このような経験をすることで生徒はなにかを感じ取って帰ってきます。この経験は今後の人生においてとても大きいと思います。

この2つの研修では、さまざまな教科で多角的に事前学習を行い、帰ってきてからまとめのレポートを書きます」

――エリアコラボレーションとはどういった活動ですか？

「本校には部活動がありません。その代わりとして、エリアコラボレーションという地域の専門家と交流しながら本物のなにかを身につけようという取り組みを行っています。これは希望者が行うのですが、弦楽器、茶道、英会話、美術、コーラス、バスケットボール、硬式テニス、エアロビクスなどが決まった曜日に用意されています。曜日が重ならなければ、複数受講することもできます。今年から鉄道模型（美術）のクラスもできました。鉄道模型の全国コンテストに出場したのですが、主催者の方からは女子校の参加は珍しがられましたね」

――最後に受験生にメッセージをお願いします。

「来年度も4回の受験を予定しており、回によっては4科と2科の選択になります。

受験では、どうしても受験科目に力を入れることになってしまいますが、音楽や図工、体育などの実技科目も大切にしてほしいですね。こういう科目でものを作ったり、考えたりするなかで、豊かな感性が磨かれ、学力を伸ばす土台となり、原動力になります。ですから、実技科目も手を抜かずにがんばる子どもに来てほしいですね。そういう子どもが来てくれれば、うんと伸ばすことを保証します」

白梅学園清修中高一貫部

〒187-8570　東京都小平市小川町1-830
TEL：042-346-5129　FAX：042-346-5693

学校説明会
（保護者によるパネルディスカッション）
9月15日（土） 10:00～

授業見学会&ミニ学校説明会
10月13日（土） 10:00～

学校説明会
（OGによる学校紹介）
10月28日（日） 10:30～

清修フェスタ
10月27日（土）・28日（日）

入試説明会
（過去問題解説授業）
11月10日（土） 14:00～

学校説明会
（在校生と一緒に授業・エリコラ体験）
11月23日（金・祝） 10:00～

入試説明会
（入試模擬体験）
12月15日（土） 14:00～

入試個別相談会
12月24日(月·祝)～28日(金) 10:00～14:00

授業見学会&ミニ学校説明会
1月12日（土） 10:00～

開智中学校

進化を続ける開智の先端創造クラス
自ら学ぶ姿勢を活かす
先端創造クラスの授業

開智中学・高等学校中高一貫部に先端創造クラスが開設されて4年目に入り、生徒が自ら考え、学び、創造する能力を引き出す授業が、各教科で行われています。先端創造クラスの授業の特徴は、まず、班やクラス全体での学び合い・話し合いや、作業を通しての学びが多いことがあげられます。また板書による説明を少なくし、聞き取った内容を自分の言葉でノートに書きとめることを大切にすることや、生徒の疑問によって、さらに発展的な授業が組み立てられることがしばしばあることも大きな特徴です。今回は、それらの特徴を活かした国語、社会、理科の授業を紹介します。

先端創造クラスの国語の授業

まずは1年生の国語の授業を見学してみました。この日は、『雪とパイナップル』という小説を読んでいました。生徒たちは、まず疑問に思った事柄をそれぞれがノートに書きとめ、その後、5~6人のグループを作り、その疑問について話し合い始めました。話し合いを始めると、すぐに解決する問題もありますが、なかなか結論のでない疑問もあります。すると、次に、その結論のでなかった疑問を、各グループがクラスに向けて発表をし、今度はクラス全体でその難しい疑問について意見を出し合いました。

このような授業について、担当の関教諭は「自分の考えを外にしっかりと伝えること、つまり発信力を付けることが大きなねらいなので、小グループにして意見を言う場をたくさん設けています。ここで注意しているのは、明確な根拠や理由に基づいて話せているかです。ですから、全体での発表の際は、根拠や理由についてはこちらから細かく尋ねます」と話します。

学校説明会・行事日程

行事等	日程	時間	バス運行（東岩槻駅北口より）
学校説明会	9/17(祝)	10：00～11：30 13：00～14：30 [開智発表会同時開催]	終日運行
	10/20(土)	13：30～15：00 [学校見学（希望者）15：00～16：00]	往路 12：45～13：45 復路 15：00～16：10
	11/17(土)	10：00～11：30 [学校見学（希望者）11：30～16：30]	往路 9：15～10：15 復路 11：40～12：40
開智発表会（文化祭）	9/16(日) 9/17(祝)	9：30～15：00 [17日は学校説明会同時開催]	終日運行
入試問題説明会	12/8(土)	14：00～15：30 [教育内容説明 15：30～16：10]	往路 13：00～14：15 復路 15：20～16：50

すべての説明会、行事に予約は必要ありません。なるべく上履きをご持参ください。

もう一つ目を引いたのは、授業中に辞書を引いている生徒が非常に多いことです。しかも、辞書も1冊ではなく、国語辞典と漢和辞典を両方引いている生徒もいます。これについては、「わからない語句があっても、最初からこちらが答えるようなことはしません。まず、辞書を引き、それでもわからない微妙な言葉遣いについては、こちらで解説をします。語句や漢字は、自分から動いて調べることで使いこなせるようになるわけで、本物の読む力、書く力を付けるためには非常に重要なことだと思っています」と話していました。

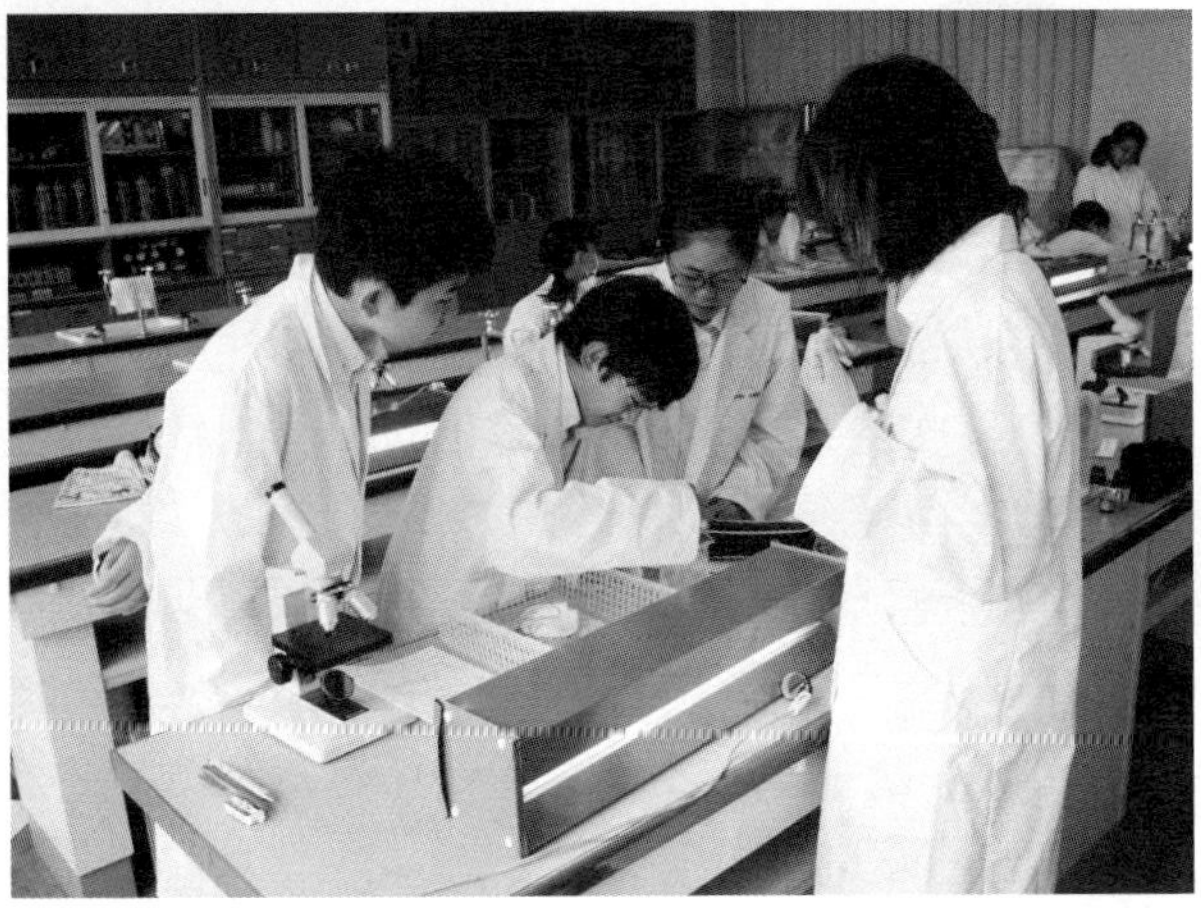

体験型、作業型の社会の授業

次に、中学3年生の社会の授業を見学すると、「日露戦争の記事を当時の記者になったつもりで書いてみよう」という授業が展開されていました。

まず、日露戦争に至った国際的経緯や、当時の日本の情勢などの説明があった後、日露戦争に関するビデオを見ると、新聞記事を書く作業が始まりました。後日、完成した新聞が教室に貼られました。そこには、日露戦争の情勢が、詳しく、わかりやすく書かれているだけでなく、当時の世相を反映した模擬広告なども載った、非常に読み応えのあるものに仕上がっていました。さらに、その次の授業では、いくつかの記事を題材に、生徒がディスカッションを行い、意見を出し合っていました。

担当の伏木教諭は、「この授業では、生徒が物事を客観的な視点で捉える力を付けることを一つのねらいとしています。また、楽しく学ぶことができるので、生徒は興味・関心を持って、自分からどんどん調べていきます。このように、自ら学んで、本物の力を身に付けさせることが、もう一つの大きなねらいです。実際、生徒は楽しみながらも、こちらが驚くぐらい、いろいろなことを調べてきますよ」と言います。

この他、地理での地名クロスワードパズル作りや、歴史での時代劇など、先端創造クラスの社会では、体験型、作業型の手法が多く取り入れられています。教科責任者の高田教諭は、「いろいろなことに興味を持ち、好きになれる生徒を育てたいと思っています。そのために、各教員が授業に様々な工夫をこらしており、特に先端創造クラスはその工夫が多く盛り込まれています」と言います。

実験・観察が主体の理科の授業

最後に、中学1年生の理科の授業を見てみました。この日は「単子葉植物と双子葉植物の茎の違いは？」というテーマで観察をしていました。まずはルーペで観察をし、その後ひとり1台ずつ顕微鏡を持ってきて、茎の断面を熱心に観察していました。すると、教室のあちこちから「見えたー」とか「すごい」という声が聞こえてきました。生徒に話を聞くと、「開智に入ってから、実験や観察の授業がすごく多くて楽しい」と言っていました。

「中学生の理科の授業は、先端創造クラスでも一貫クラスでも、だいたい1週間に1回は実験や観察の授業があります。これは、今まで習ったことや知っていること、つまり知識と、実際の体験をリンクさせることを重要視しているからです」と担当の加藤教諭は言います。

また、「今回は3つサンプルを持ってきています。ショウガは単子葉植物、コマツナは双子葉植物であることはすでに言っているのですが、もう一つのニンニクについてはどちらであるかを言っていません。しかも、茎ですから見た目ではわかりません。つまり、生徒は観察して答えを導き出さなければならないのです」

教師の側から答えを言わず、生徒自らが観察して検証するというやり方は、開智の教育の大きな特色である探究テーマと同じです。ですから、このような授業は開智ではめずらしくなく、様々な教科で取り入れられています。

このように、先端創造クラスでは、生徒が自ら考え・学び・創造する授業が実践されています。このような取り組みで、今春、東大、京大、国公立医学部現役19名（224名中）の合格を果たしましたが、今後も難関大学への合格実績をさらに伸ばすことを期待されています。

SHOHEI

●学校説明会 10:00～

- 9月27日(木) 授業見学可能日
- 10月10日(水) 授業見学可能日
- 10月27日(土)
- 11月14日(水) <埼玉県民の日>
- 11月30日(金) 授業見学可能日
- 12月15日(土)

平成24年 東京大学(理Ⅰ)現役合格　早稲田大学過去最多12名合格

過去3年間　主な大学合格者数

	平成24年		平成23年		平成22年	
国公立	東京大(1)	東京工業大(1)	筑波大(1)	横浜国立大(1)	東京大(1)	東京工業大(1)
	筑波大(2)	千葉大(1)	東京学芸大(3)	埼玉大(4)	筑波大(1)	千葉大(3)
	埼玉大(4)	群馬大(2)	茨城大(1)	宇都宮大(1)	埼玉大(1)	宇都宮大(3)
私立	早稲田大(12)	慶應義塾大(2)	早稲田大(2)	慶應義塾大(1)	早稲田大(4)	慶應義塾大(3)
	上智大(2)	東京理科大(12)	上智大(1)	東京理科大(15)	上智大(3)	東京理科大(7)
	学習院大(6)	明治大(13)	国際基督教大(1)	学習院大(5)	学習院大(3)	明治大(13)
	青山学院大(5)	立教大(12)	明治大(7)	青山学院大(2)	青山学院大(1)	立教大(7)
	中央大(11)	法政大(17)	立教大(7)	中央大(6)　法政大(19)	中央大(6)	法政大(9)

昌平中学校の特色

Special Wednesday スペシャル・ウェンズディ 「百聞は一見に如かず」体験を通して学ぶプログラム

毎月1回、水曜日をスペシャル・ウェンズディとし、多彩な体験学習を実施します。机上の学習では得られない体験を通して感動を与えるとともに、「調べる」「まとめる」「発表する」「考察する」といった学問の基本となる姿勢を身につけます。

大学教授によるプロジェクト学習

狙い　生徒主体のプロジェクトに基づく学習を通じて、生徒を動機づけ自信を持たせ、自立した学習者にする。

期待される効果
- ■ 対人コミュニケーション能力の向上
- ■ 判断能力の向上
- ■ プレゼンテーション能力の向上
- ■ キャリア意識の醸成
- ■ 問題解決能力の向上

Power English Project パワー・イングリッシュ・プロジェクト 全校生徒が英語に強くなる

国際化の進む現代社会において、語学の習得は不可欠です。そこで本校では、世界に通用する英語力と国際感覚を養い、「英語の勉強は大学に合格するためだけでなく、世界へ羽ばたくために必要であること」を生徒に実感させています。それが本校の全教員が取り組んでいる英語力強化計画「パワー・イングリッシュ・プロジェクト」です。

- ■ 英検全員受験
- ■ 英語の授業時間の充実
- ■「日本語禁止部屋(インターナショナル・アリーナ)」の設置
- ■ 校内英語スピーチコンテストの開催
- ■ 姉妹校スコッツ・スクール(オーストラリア)との交流

SHOHEI

昌平中学・高等学校

〒345-0044 埼玉県北葛飾郡杉戸町下野851 TEL:0480-34-3381 FAX:0480-34-9854

http://www.shohei.sugito.saitama.jp

JR宇都宮線・東武伊勢崎線　久喜駅下車
直通バス 10分 又は 自転車 15分

東武日光線　杉戸高野台駅下車
直通バス 5分 又は 徒歩 15分

東武伊勢崎線　和戸駅下車
自転車　8分

主要駅から本校の最寄駅までの所要時間
●大宮駅から久喜駅まで20分　●春日部駅から杉戸高野台駅まで　9分
●赤羽駅から久喜駅まで36分　●北千住駅から杉戸高野台駅まで 40分

教えて中学受験Q&A

6年生

Question

入試では基礎・基本だけではなく、難問対策も必要ですか？

中学入試では、満点は必要ではなく合格点をとればいいので、模擬試験などでの正答率60%以上のものを確実に得点するようにと塾で指導を受けています。しかし最近、得点が伸び悩んでおり、難問対策をもっとした方がいいのではないでしょうか。

（国立市・HK）

Answer

基礎・基本を徹底することが結果的に合格に最も近づくのです

塾のご指導のように、中学受験に限らず、受験一般において受験生の多くが正解に達するような問題を確実に得点できることは、非常に大切なことです。いわゆる難問で得点できれば、それは理想的ではあるのですが、確実性や問題の種類によって常に得点できるとは限りません。

もし、成績が伸び悩んでいるとお感じでしたら、なおのこと基礎・基本を大切にして正答率が高い問題を確実に得点できる力を培っていくことが、結果的に合格に近づく秘訣です。また、それがやがて難問を解く力にもなっていきます。

基礎・基本というとやさしいものと考えがちですが、必ずしもそうではありません。入学試験問題の作成者は、たんなる知識量を試そうと思っているのではなく、問題を通じて受験生の思考力や表現力を問うことを目的としています。ですから、基本的な事項をしっかりと身につけ、着実な学力をつけることを心掛けていただければと思います。

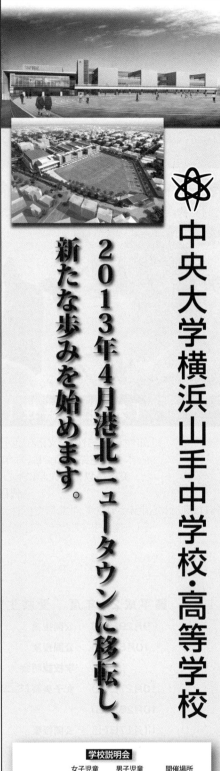

疑問がスッキリ!

2〜5年生

Question

習いごとと中学受験は両立できるのでしょうか？

小学校３年生の女子です。そろそろ将来の中学受験を目指して塾に行かせたいと思っています。知人から、「塾に通うなら習いごとを整理した方がいい」とアドバイスされました。現在、ピアノ、クラシックバレエ、書道を習っています。受験と習いごとは、やはり両立はできないものなのでしょうか。

（大田区・ＳＮ）

Answer

低学年のうちは大丈夫ですが５年生以降は難しいでしょう

中学受験準備は、学年によって塾での学習量は異なります。小学校４年生くらいまでは、通塾日数も少なく、１日の授業時間も短い設定となっている場合がほとんどです。ですから、ある程度、進学塾とは別の習いごとも継続していける場合が多くあります。

しかしながら、５年生以降になると進学塾への通塾日数が増えるだけではなく、塾での授業時間も長くなってきます。そして、受験学年になると、通塾のほか各種模擬試験の受験等も加わってきますので、中学受験生の日程はかなりハードな側面もでてきます。そうすると、複数の習いごとと受験の両立は、時間的な制約から困難であるといえるでしょう。

ただ、ピアノのように個人レッスンが主体の場合には、受験を中心に日程を組み、塾の日程との調整をはかりながら続けることでリフレッシュできることもあるようです。

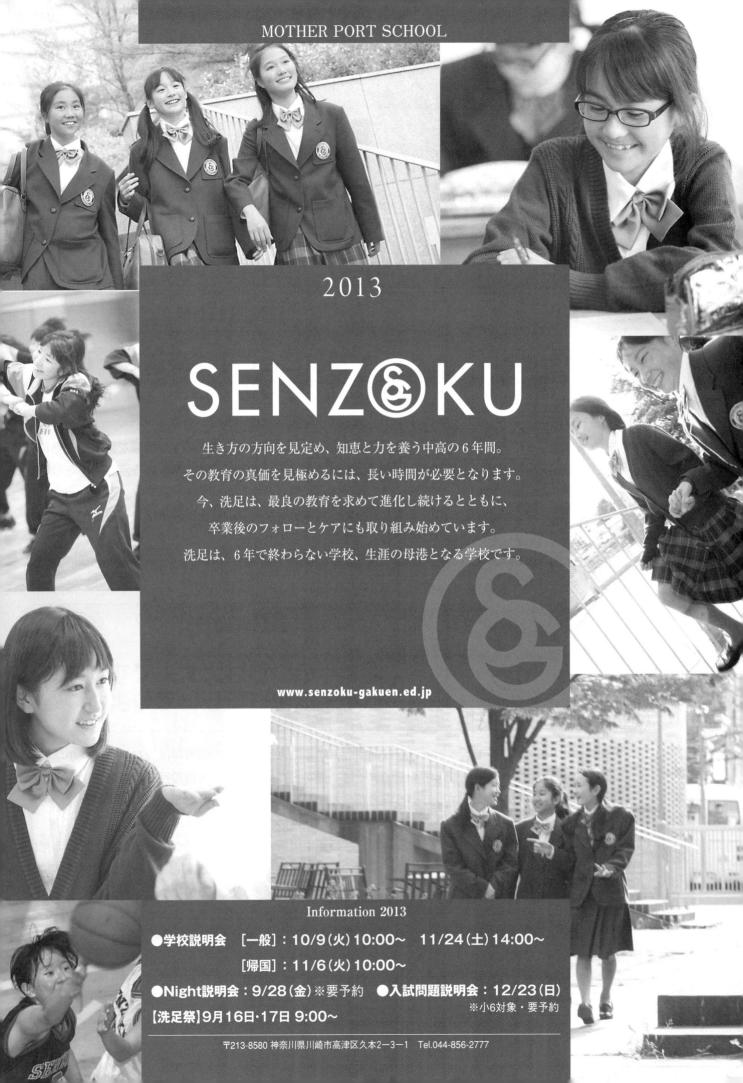

桐朋女子中学校

●東京都調布市
若葉町1-41-1
●京王線「仙川」徒歩5分
●TEL：03-3300-2111
●http://www.toho.ac.jp/chuko/

問題

図１のような直角三角形ABCがあります。

図１の三角形DBAはもとの三角形ABCの縮図になっています。

（１）ADの長さは何cmですか。
　また，BDの長さは何cmですか。

（２）図１の三角形ABCが，長方形EFGHと図２のように重なっています。
　重なっている部分の面積は何㎠ですか。

図１

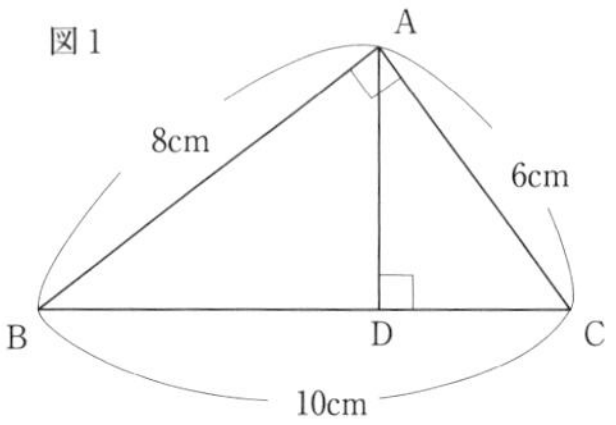

図２

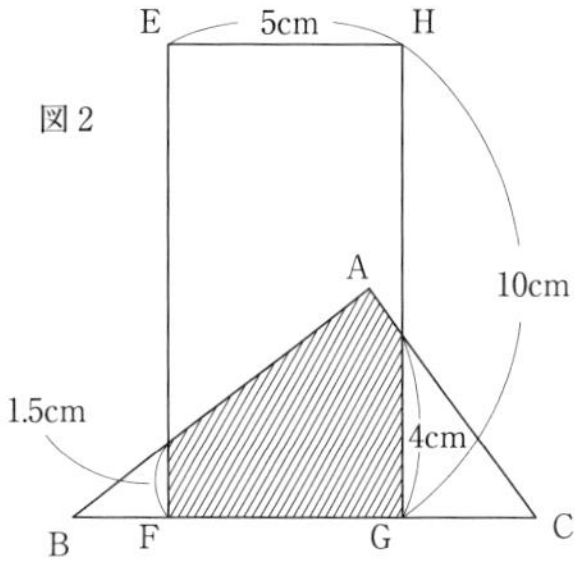

解答　(1) ADの長さ：4.8cm　BDの長さ：6.4cm　(2) 16.5㎠

学校説明会
10月20日（土）10:00～
11月17日（土）14:00～
12月８日（土）14:00～

ナイト説明会・ミニ説明会 ※要予約
９月14日（金）19:00～20:00
12月21日（金）19:00～20:00
１月12日（土）14:00～15:00

八王子学園八王子中学校

●東京都八王子市
台町4-35-1
●JR中央線「西八王子」
徒歩5分
●TEL：042-623-3461
●http://www.hachioji-js.com/

問題

次の図のように，黒と白のご石をあるきまりにしたがって並べていきます。
次の問いに答えなさい。

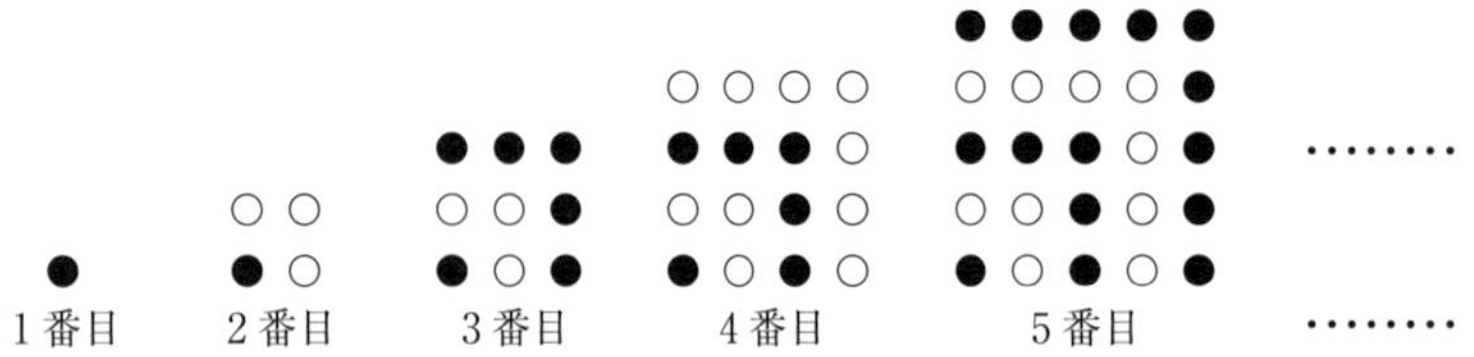

（１）８番目の図形は，黒のご石と白のご石とではどちらの方が何個多く並んでいますか。

（２）１番目から11番目までの図形には，黒のご石が全部で何個並んでいますか。

（３）黒のご石の方が13個多く並んでいる図形には，白のご石は全部で何個並んでいますか。

解答　(1) 白（の方が）8（個多い）　(2) 256　(3) 78

学校説明会　※要予約
９月８日（土）10:00～11:30

premium説明会　※要予約
９月29日（土）10:00～11:30
11月９日（金）10:00～11:30

live授業体験&説明会　※要予約
10月６日（土）10:00～11:30

八学祭（文化祭）
９月29日（土）9:00～15:00
９月30日（日）9:00～15:00

私立中学の入試問題にチャレンジ

栄東中学校

●埼玉県さいたま市見沼区砂町2-77
●JR宇都宮線「東大宮」徒歩8分
●TEL：048-666-9200
●http://www.sakaehigashi.ed.jp/

問題

右の図のような，すべての辺の長さが２cmの三角柱ABC−DEFがあります。

辺EFの真ん中の点をGとし，辺ABの真ん中の点をPとし，点Qは辺AB上を動くものとします。

３点C，P，Gを通る平面で三角柱ABC−DEFを切断します。このときの切断面の四角形をCPHGとし，２つに分かれた立体のうち，点Bを含む立体をXとします。

また，３点C，Q，Gを通る平面で三角柱ABC−DEFを切断したときに，２つに分かれた立体のうち，点Bを含む立体をYとします。

このとき，次の問いにそれぞれ答えなさい。

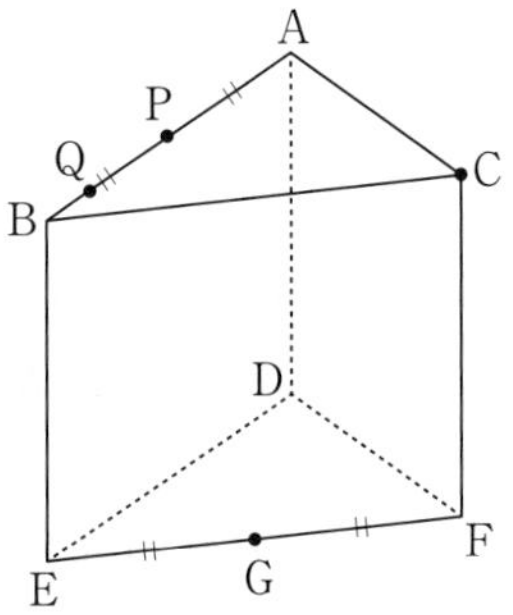

（点Hは図に記入していません。）

（１）EHの長さを求めなさい。（答えのみ）

（２）立体Xの体積と三角柱ABC−DEFの体積の比を，最も簡単な整数の比で表しなさい。

（３）立体Yの体積が立体Xの体積の半分になるとき，AQの長さを求めなさい。

解答　(1) $\frac{1}{2}$cm　(2) 7：24　(3) $\frac{3}{2}$cm

保護者対象説明会
９月８日（土）
10月26日（金）午前・夜
11月23日（金）
11月25日（日）
12月８日（土）
施設見学・個別相談可

入試問題学習会　※要予約
11月23日（金）
11月25日（日）

成蹊中学校

●東京都武蔵野市吉祥寺北町3-10-13
●JR中央線・総武線・京王井の頭線・地下鉄東西線「吉祥寺」徒歩20分、バス
●TEL：0422-37-3818
●http://www.seikei.ac.jp/jsh/

問題

半径４cmの円１枚と半径２cmの円を何枚か用意します。

まず図４のように，半径２cmの円①を，半径４cmの円と中心の位置が同じになるように置きます。次に図５のように，半径２cmの円②を，円①の円周上に中心の位置がくるように置きます。

その次は図６のように，半径２cmの円③を，円①と円②の交点の位置が中心になるように置きます。さらに半径２cmの円④を，円①と円③の交点の位置が中心になるように置きます。ただし，半径２cmの円どうしで中心の位置が同じになるようには置かないこととします。そして，この操作をできる限り続けました。

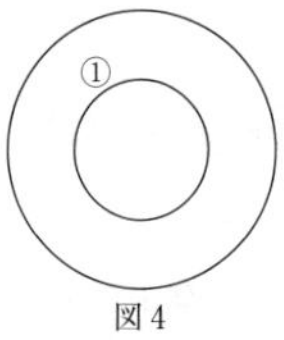

図４

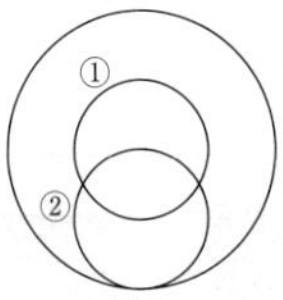

図５

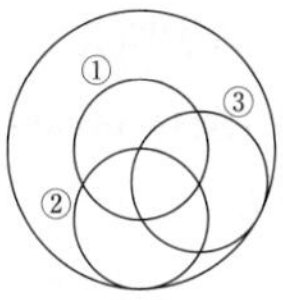

図６

(1) 半径２cmの円は最低何枚必要ですか。

(2) 円がちょうど３枚重なっている部分がいくつかあります。それらの面積は合わせて何㎠ですか。

(3) 円がちょうど２枚重なっている部分全体の面積から，円がちょうど４枚重なっている部分全体の面積を引くと何㎠になりますか。

解答　(1) 7枚　(2) 12.56㎠　(3) 12.56㎠

学校説明会
会場：成蹊大学キャンパス
10月13日（土）
13:30〜２時間程度
11月17日（土）
13:30〜２時間程度

蹊《こみち》祭（文化祭）
９月29日（土）10:00〜16:00
９月30日（日）10:00〜16:00

西武台千葉中学校

来て！ 見て！ 感じて！

西武台千葉！

アクセス

東武野田線「川間駅」（千葉県野田市）**より、**
徒歩17分・スクールバス15分

中高一貫特選コースがスタートしました。

進化 中学校からの6年間

1. 特選コースは**6年間中高一貫**、進学コースは**4年間中高一貫**内容
2. 月曜日は**7時間目にも授業**があります
3. 授業サポートと**オンデマンド方式**のサテライン講座を強化

第1ステージ（1･2年目）
基礎･先取り

◎中学生としての基本となる
学力・生活力･人間学を育てる

- 中３担当の単元の一部を先取り学習する。
- 英・数・理については一貫テキストを使用し、充実した内容を学習する。

第2ステージ（3･4年目）
進化

◎中・高両教育内容の充実と進化

- 特選コース：中３までに高１の、高１までに高２の単元を学習する。
- 進学コース：中学全課程内容の応用と、高１の単元を学習する。

第3ステージ（5･6年目）
深化

◎高校課程全履修と希望進路実現

- 特選コース：高２までに高校全課程内容を学習し、難関大学現役合格の実現を図る。
- 進学コース：それぞれの第一希望進路先、現役合格の実現を図る。

中高一貫（内部進学生）の主な大学進学実績（平成24年までの3年間）

国公立大学 ●お茶の水大学 ●筑波大学 ●茨城大学 ●防衛大学 ●横浜市立大学

私立大学 ●早稲田大学 ●慶應義塾大学 ●上智大学 ●東京理科大学 ●学習院大学 ●明治大学 ●青山学院大学 ●立教大学 ●中央大学 ●法政大学 ●成蹊大学 ●日本大学 ●東洋大学 ●駒澤大学 ●明治学院大学 ●獨協大学 ●芝浦工業大学 ●東京農業大学 ●成城大学 ●國学院大學 ●文教大学 ●東邦大学 ●昭和大学 ●大東文化大学

『夢 実現』西武台千葉！

Say, Hello! SEIBUDAI

■学校説明会
- 9/15（土） 14:00～
- 10/6（土） 14:00～
- 11/3（土） 10:00～
- 11/17（土） 14:00～
- 12/15（土） 10:00～

※個別相談コーナーあり

■個別相談会
- 10/4（木） 17:00～19:00
- 10/19（金） 17:00～19:00
- 11/29（木） 17:00～19:00

■輝陽祭（文化祭）
- 9/29（土）･30（日）

※個別相談コーナーあり

■学校見学会（要予約）
- 9月･10月･11月の水曜日 16:00～（9／26と11／28は除く）
- 10/6･10/20の土曜日 10:00～

※詳細はH.P.で

西武台千葉 中学校 高等学校

〒270-0235
千葉県野田市尾崎2241-2
TEL.04-7127-1111
FAX.04-7127-1138
東武野田線「川間駅」北口徒歩17分
南口よりスクールバス15分
www.seibudai-chiba.jp

熟語パズル

答え

問題は90ページ

出	百	論	議	百
一	中	八	人	家
罰	足	百	嘘	争
百	様	屋	発	鳴
戒	乱	繚	花	百

左の表が答えだよ。
今回は四字熟語より三字熟語、二字熟語の方が難しかったかもしれないね。
でも、覚えておいて損はない熟語ばかりだぞ。

【隠れていた熟語】

四字熟語

①百家争鳴（ひゃっかそうめい） ②百花繚乱（ひゃっかりょうらん） ③一罰百戒（いちばつひゃっかい） ④議論百出（ぎろんひゃくしゅつ） ⑤百発百中（ひゃっぱつひゃくちゅう） ⑥百人百様（ひゃくにんひゃくよう）

三字熟語

⑦嘘八百（うそはっぴゃく） ⑧八百屋（やおや）

二字熟語

⑨百足（むかで、またはひゃくあし）

これらの熟語のうち、四字熟語は読みと意味を例文とともに覚えるようにしましょう。意味はもとの意味から転じた意味の方がよく問われます（問題のページ、90ページ参照）。

百人百様は「三者三様」と同じ意味です。「三者三様」で、まず、覚えましょう。

八百屋や百足（むかで）は、田舎（いなか）、景色（けしき）、素人（しろうと）などと同様、「難しい読みをする熟語」です。覚えておきましょう。

90ページの【例】に出てきた三字熟語のうち、百万言（百万言）の意味は、非常に多くの言葉のこと。「百万言を費やしても言いつくせない」などと使うよ。

【例】の三字熟語、そのほかの熟語はわかるよね。わからなければ辞書で調べよう。〈ジュクゴンザウルス〉

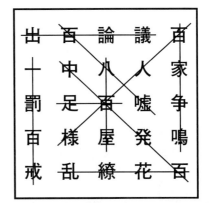

HIGH SCHOOL
TmU
多摩大学目黒

明日の自分が、今日より成長するために…

２名の専任ネイティブ教師が直接英会話を指導！確実に英語力を伸ばします。

イギリス人とアメリカ人のネイティブ教師が少人数英会話授業を直接指導。一人ひとりの英語力を確実に伸ばしています。

TAMA UNIV. MEGURO Junior High School

多摩大学目黒中学校

http://www.tmh.ac.jp/

〒153-0064 東京都目黒区下目黒 4-10-24　TEL. 03-3714-2661
JR 山手線・東急目黒線・都営地下鉄三田線・東京メトロ南北線「目黒駅」西口より徒歩 12 分
東急東横線・東京メトロ日比谷線「中目黒駅」よりスクールバス運行

●中学受験生・保護者対象学校説明会 予約不要

10/10 水　10:30～
12/ 1 土　10:30～
11/14 水　10:30～
1/11 金　①10:30～　②19:00～

※お車でのご来校はご遠慮ください。

●颯戻祭（文化祭）※受験生はチケット不要

9/15 土・16 日　10:00～15:00
※お車でのご来校はご遠慮ください。

●中学体験学習 要予約　（保護者の方は授業参観及び説明会）

英語体験授業：Let' s enjoy English! ／クラブ体験：来たれ我が部！

11/23 祝　10:00～12:00　会場：あざみ野セミナーハウス
※前々日までに電話にてご予約ください。

http://www.tmh.ac.jp
多摩大学目黒　検索
携帯サイト：http://www.tmh.ac.jp/mobile

開智《かいち》未来《みらい》中学校

開智未来にしかない教育で 豊かに学んで大きく伸びる

開智未来は、「学びのスキルの育成」・「3つの言語能力（国語・IT・英語）の育成」・「哲学の授業」・「環境未来学」・「貢献教育」・「才能開発・サポートシステム」・「共育」など、他校にないさまざまな教育を実践、研究開発する「進化系進学校」として注目されています。

“未来”の学び 1

人間力と学力の一体化 ……

開智未来中学・高等学校の学びは関根均校長先生がまとめた『学びのサプリ』に基づき、「人のために学ぶ」「貢献する」をモットーに「志」を育て、学びを支える「**身体**」を育成し、国語・英語・ITの3つの「**言葉**」を鍛えます。こうやって人間の幹を育てます。その幹に「学びの構え」や「学びのスキル」などの「**一般学力**」という力強い枝を張らせ、その枝に、4つの知性を兼ねそなえた「**教科学力**」と最難関大学に合格できる「**受験学力**」を大きく茂らせていきます。こうやって高めた学力は生涯にわたって成長し続け、役立つ「生涯学力」となってさらに大きく伸びていきます。

その考え方を図式化したのが「サプリの樹」（**図1**）です。この「サプリの樹」のように伸び続ける生徒を育てたいと開智未来は考えています。

授業で育てる4つの知性 ……

最難関大学合格を可能にする学力、そして、生涯にわたって発揮される学力を育成するために授業では「4つの知性」を育てます。

4つの知性とはIT活用力などの「**未来型知性**」、体験や行動を重んじた「**身体型知性**」、暗唱教育に代表される「**伝統型知性**」、そして、対話的授業や生徒どうしの学びあいによる「**コミュニケーション型知性**」で、それらの知性をバランスよく磨き上げる授業を目指しています。

▼未来型知性

未来型知性は2つの学力からなると考えています。①ITを活用するスキルとモラル、②ITを活用して効果的に身につく学力です。開智未来では情報教育に力を入れていますが、普段の授業でもインターネットを活用した調べ学習、ワードを用いてのレポート作成、パワーポイントを用いた発表など、積極的にITを活用します。また、ホームページに学習機能をもたせ、家庭で効果的に学習できるようにします。レポートなどもメールで提出します。

▼伝統型知性

伝統型知性とは歴史的に人類が開発してきた伝統的教育によって鍛えられる学力です。とくに、日本の学校教育は質の高い授業をつくってきました。音読、暗唱、ノート指導、一斉授業の工夫など日本の教育の成果にさらに改良を加えています。暗唱大会では日頃の成果をクラス対抗で楽しく競います。

▼身体型知性

身体型知性は、「身体を使った学習（体験的学習活動や実験・実習）」と「学びを支える身体づくり」からなります。前者は「理科」や「環境未来学」でフィールドワークを積極的に取り入れています。後者は体育で「思考する体育」を開発しています。

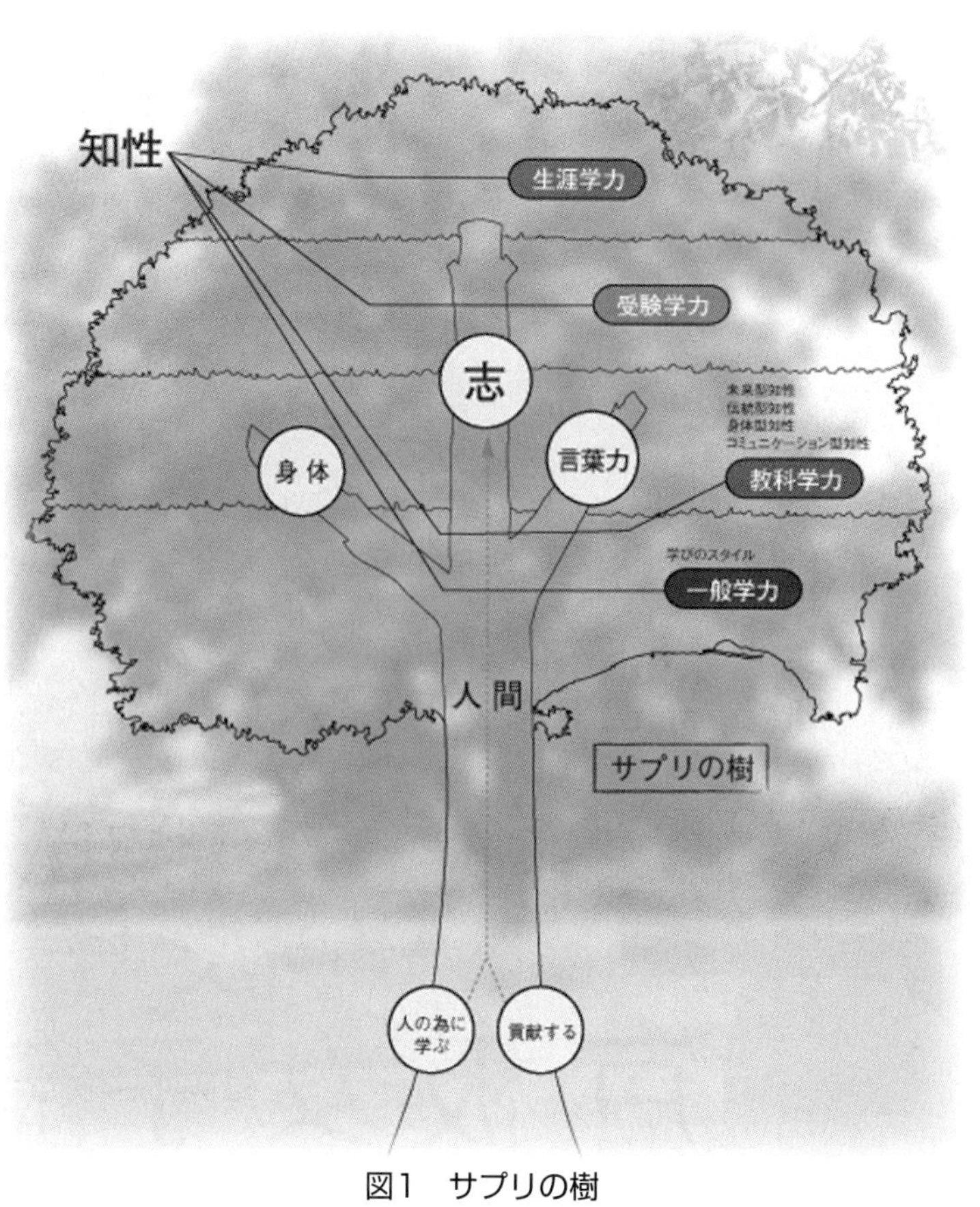

図1　サプリの樹

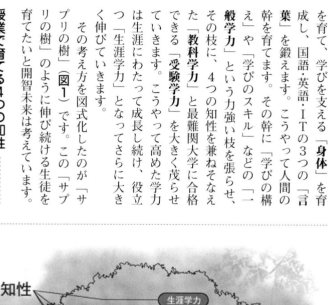

▼コミュニケーション型知性

コミュニケーション型知性とは、教員から学び取る力、授業にかかわっていく力、生徒同士で学びあう力などを総称したものです。実際に「学びあい」をすべての授業で取り入れます。積極的に発言して授業に参加することもコミュニケーション型の学びです。

　また、休み時間や放課後に友だち同士で教えあう「学びの集団づくり」も進めています。その結果、開智未来生たちは勉強が大好きです。始業前から「学びあいルーム」や各教室で学びあいが始まります。

“未来”にしかない学び 2

次に開智未来中学・高等学校独自の学びを紹介しましょう。

〈哲学〉

学びで人間を成長させるためには人間の軸をつくらなくてはならないと開智未来は考えています。全学年で校長先生自らが行う「哲学」は、その軸を育成するために行われます。あわせて、開智未来の教育の縦軸として、各教科の学習を支え、学びを総合化・構造化する役割を果たします。

　内容としては、人間のあり方、生き方、価値、社会の課題などを幅広く扱い、開智未来が掲げている「志づくり（貢献教育）」の柱となる教育活動です。たんに知識の理解・習得にとどまらず、問題意識を持たせ、自分はどうすべきかを考えさせます。あわせて、「学びのサプリ」に基づき、聞く力、メモする力、討議する力、思考する力などの学習スキルを身につけさせます。学年単位で授業を行うので、学びの集団づくりも意図しています。なお、ホームページの「サプリの窓」には、「哲学」のテキストが掲載されています。

環境未来学 ……………

　壮大な学力向上総合プログラムです。「環境未来学」は全教科・教育活動と連動し、体験・行動をとおして机上の学習を現実と結びつけ、探究力や科学的な考え方を育成します。また、自分の未来（進路）を考える未来学習も行います。

　1年生からITを操作できるようにし、社会調査の方法を学び、レポートや論文を作成することで書く力を鍛えます。

　また、農業体験学習や夏休みに実施する「里山フィールドワーク」では、自然体験をつうじて感覚を鋭敏にし、さらに自然を観察するスキルを身につけます。

　3年生では琵琶湖で「湖沼学習フィールドワーク」を行います。ここでは自然と人間の共存のあり方を探究します。

　5年生（高2）で実施する「カナダ環境フィールドワーク」では、世界的な見地から環境を考えます。また、現地の高校生とのディスカッションや英語の講義などで語学力も高めます。さらに、大学進学後に世界基準で学べるよう、4年では論文の書き方を学び、5年では「英文論文」に挑戦します。

“未来”で学ぼう 3

「学びのサプリ」については学校ホームページの「サプリの窓」に詳細なテキストが掲載されていますし、入学説明会では校長先生の「小学生サプリ」を実際に受けることもできます。ぜひともサプリを体験してみてはいかがでしょうか。

　「人間が育つから学力が伸びる、学力が伸びるから人間が育つ」「伸びない生徒はつくらない」。開智未来中学・高等学校の合言葉です。本気で伸びたいと思っている人にピッタリの学校です。

森上教育研究所 **森上展安**所長

先進的・本質的学びを全国発信する開智中学校のパイロットスクール開校

23年4月、埼玉県加須市に「開智未来中学校」が開校しました。さいたま市開智中学校のパイロットスクールとして、開智の教育を受け継ぎ、さらに先進的・本質的な教育を研究、開発、実践し、その成果を全国に発信します。

開智未来中学校 School Data

所在地 埼玉県加須市麦倉1238
TEL 0280-61-2021
URL http://www.kaichimirai.ed.jp/

アクセス 東武日光線「柳生」徒歩20分、JR宇都宮線・東武日光線「栗橋」、JR宇都宮線「古河」東武伊勢崎線「加須」・「羽生」スクールバス

学校説明会 ※要上履き・筆記具
8月31日（金）10：00～
9月15日（土）10：00～
10月27日（土）10：00～

入試問題解説会
11月18日（日）10：00～
11月24日（土）10：00～

体験授業 ※要予約
9月30日（日）9：00～12：10

クリスマスサプリ
12月8日（土）10：00
12月15日（土）10：00
12月24日（祝）10：00

グローバルな探究力を育て

東大を目指す　先進コース　を新設

安田学園は、新しい時代に活躍できるグローバルリーダーを育てるために、自ら問題を発見し地球規模の問題を解決できる資質を育て、東大を目指す「先進コース」を25年度より新設します。

本質的な学び力を育てる「探究」

そのために、自らの疑問に対し「・・・だからじゃないか」と仮説を考え、調査・観察などを行う「探究」の時間を設けています。

1年生で行う磯の野外探究で、ある生徒が「なぜカニの脚は10本もあるのか」という疑問に対し、「役割を分担するためだ」という仮説を考えたとします。この疑問・仮説は、観察を経て「なぜ、左右の脚の形が違うのか」、「なぜ、横歩きをするのか」など、新しい疑問に発展する可能性があります。

この疑問・仮説の深化・発展こそが、根拠をもって論理的に考える探究力、創造的学力の育成につながります。

学び方を見つける学習法体得合宿

6月12日から3泊4日、中1から高1約500名が学習法体得合宿を行いました。

60分24コマで、・・・（復習/予習）→（授業）→（復習/予習）→（授業）・・・と進め、自分の学習法を発見します。合宿を終えた1年生のA君の感想は「間違えた問題と似たような問題をつくって解く学習法をつかみました。」ということでした。

先進特待入試

合格者全員が入学金・施設設備費・原則6年間授業料免除

本質を問う東大入試の突破力を育成

いっぽう、5年生までに自ら考え学ぶ力を高度に育てる授業、理由を言って答えることを習慣化する授業を展開します。この「授業」と「探究」とで根拠をもって論理的に考える力、本質を見抜く力、自分の言葉で表現する力などを育てます。

これらの力は、最難関大受験に向けた主体的・意欲的な学習姿勢につながります。そして、「・・・どういうことか説明せよ」などの問いが多く本質的な学力が求められる東大の入試問題に対応する力にもなります。

さらに将来的には、それがグローバルリーダーとして活躍できる資質となります。

高度な学び力を育てる学習指導

教科指導全体では、主に1~2年生で、根拠を明確にした論理的思考力・表現力、3~5年生で、抽象度の高い課題による批判的思考力・論述力、6年生で、初見解答力、添削指導による答案表現力を養成します。

次は1年生の英語の授業例です。小グループで問題集の答え合わせをするとき、教師は正解を配布しません。生徒は自分の答えの根拠を班員に説明し話し合います。合意できなければ、辞書で調べたり、テキストを読み直したりして、議論が白熱することもあります。

このように考えて学んだ知識は、深く記憶に残り、知識の周りに大切なものが付着し、活用力のあるものになっていきます。

もっと大切なことは、学び方を学びながら、論理的に考える力も育成していることです。

また、英語ではクリティカルシンキングを基盤においたグローバルコミュニケーション力と国際的視野を育てるため、6年間週7時間以上の授業を設定、その中で5年生まではネイティブスピーカーとのチームティーチングによる会話・表現の授業を週1~2時間実施します。また、3年生ではカナダで語学研修、5年生では「探究」での成果を英国の大学生に英語でプレゼンし、そのテーマについてディスカッションをします。

大学入試直前まで熱意ある進学指導

1年生から、「なりたい自分」を見つけるためのキャリア教育を行い、4年生からは、東大の研究室訪問など東大の魅力を探る東大研究会を実施し、学部学科研究などを通し本質的な進路指導を行います。

さらに、5年生春休み、3泊4日計34時間の無言独習による集中した進学合宿を実施。それをはさみ、5年生後半から6年生2学期まで放課後2時間、東大・東工大・一橋など志望大学に特化した力を養う放課後進学講座を約30講座設定します。さらに、12~1月には、10日間模擬問題を解き続けるセンター模試演習でセンターの得点力アップを図り、センター試験後は私大・国公立2次直前講座で総仕上げをし本試験に突入していきます。

このように、進学指導と本質的な教育が一体となって、グローバル社会で活躍できるリーダーを育てようとする安田学園の新しい教育にぜひ期待してください。

●先進特待入試（先進コース20名）
2/1・2・3　午後 4科

●一般入試（総合コース130名）
2/1・2・4・6 午前 2・4科

学校説明会

9月15日（土）10：00
授業見学あり

10月6日（土）14：30
オープンキャンパス
授業体験（要予約）

安田学園中学校

〒130-8615東京都 墨田区横網2-2-25　TEL：03-3624-2666　入試広報室直通0120－501－528
【アクセス】JR両国駅西口徒歩６分　都営地下鉄大江戸線両国駅Ａ１口徒歩３分

ー中学受験のお子様を持つ親のためにー

わが子が伸びる親の『技《スキル》』研究会のご案内

主催：森上教育研究所　協力：「合格アプローチ」他

平成24年度後期講座予定

（ホームページアドレス）http://oya-skill.com/（携帯モバイルサイト）http://oya-skill.com/mobile/

無料公開シンポジウム

9/4（火）　国　語

小泉　浩明
（国語指導&執筆）×森上展安

テーマ　「国語を得意にする」ための子どもへの接し方【小1～小5対象】

内　容　読書は好きなのにテストで点数がとれない」とか「５年生になって急に国語の偏差値が下がった」など、国語の悩みを抱えている方は少なくありません。ご家庭でどのような声がけや指導をすればお子さまの国語力がアップするかを学年ごとに。※参加者特典として「あるとわが子が伸びる算数ツール」をいち早くご案内

会場は私学会館です　申込〆切 9/3（月）

第1回　9/13（木）　コーチ

小泉　浩明
（学習コーチング）

テーマ　スコアメーキング＝合格のための過去問活用法【小5・小6対象】

内　容　６年生の２学期は、志望校の過去の問題を演習して得点力を伸ばす時期です。この過去問演習を上手に出来るか否かで合否が決まる、と言っても過言ではありません。過去問演習の実施方法から結果分析や弱点対策まで、塾まかせには出来ない、知っておきたい内容をまとめました。

申込〆切 9/11（火）

第2回　9/20（木）　算　数

望月　俊昭
（算数指導&執筆）

テーマ　難しさの質が違うから準備も違う【低学年～小5対象】

内　容　難関中学への算数といっても、入試で問われる算数の力は様々です。陸上競技では、同じ走る力といっても短距離と長距離では求められる走力の質は大きく違います。算数の場合も同様です。入試の質の違いをどの時期からどの程度意識して準備を進めるかは、無視できない大きなテーマです。

申込〆切 9/18（火）

第3回　9/25（火）　算　数

宮本　哲也
（算数・数学・パズル教室主宰）

テーマ　お子さんが低学年の間にやるべきこととやるべきでないこと【幼児～小4対象】

内　容　私の教室には算数が得意な子がたくさんいますが、彼らは例外なく、算数が大好きです。得意だから好きになったわけではなく、好きだから得意になったのです。彼らは自分で考えることを好み、人から教わることを好みません。算数が好きな子になるための環境作りを考えてみませんか？

会場は私学会館です　申込〆切 9/21（金）

第4回　10/5（金）　国　語

田代　敬貴
（国語指導&執筆）

テーマ　これができれば国語でリードー仕上げに向けた〈スキル〉の点検【小5・小6対象】

内　容　自己流で悪戦苦闘、あるいは思いつきでしのいできた生徒では太刀打ちできない記述問題（といっても特殊なジャンルではありません）をつかって、「読む」ための〈スキル〉・「書く」ための〈スキル〉を再確認します。今回は記号選択問題への取り組み方もまじえてお話しします。

申込〆切 10/3（水）

第5回　10/9（火）　コーチ

佐々木信昭
（佐々木ゼミナール主宰）

テーマ　受験の王道＝志望校過去問徹底演習のプロの全ノウハウ伝授【小6対象】

内　容　入試問題はこの問題が出来れば合格させるという学校のメッセージです。志望校の過去問を徹底的にやり込んで、合格可能性20～40％（偏差値7不足）からの逆転合格を、あと100日で可能にします。20～30年分の分野別小単元別過去問集の作り方、最も効果的な演習法を一挙公開。算数、理科中心。

申込〆切 10/5（金）

第6回　10/19（金）　国　語

早川　尚子
（HP国語の寺子屋主宰）

テーマ　「印つけとメモ書き」の読解法の確認【小６対象】

内　容　「印つけとメモ書き」の読解法にそって、読み方の規則と解き方の手順をもう一度確認しましょう。物語的文章と説明的文章を実際に読んで解答する今日の2時間のお母様方の読解体験は、子どもたちの「本気」を引き出します。

申込〆切 10/17（水）

第7回　10/25（木）　女子学院

金　廣志
（悠遊塾主宰）

テーマ　女子学院入試攻略法【小６対象】

内　容　女子学院入試に絞った究極の攻略法。受験生の答案例などを参考にして4科の解法を指導します。女子学院必勝をねらう受験生と父母にとっては必見の講座です。

申込〆切 10/23（火）

第8回　11/13（火）　社　会

早川　明夫
（文教大、『ジュニアエラ』監修、学研『応用自在』等執筆）

テーマ　社会時事問題対策【小４～小６対象】

内　容　入試においては例年８割以上の学校で時事問題が出題されています。ところが、時事問題は教科書や塾のテキストにはふつうのっていません。そこでどうしても時事問題に対する対策が必要です。本講演においては、時事問題の学習法とあわせて今年の国内外の重要な出来事を解説し、来年度入試の予想（時事問題関係を中心に）をお話したいと思います。

申込〆切 11/9（金）

◇**時間**：各回とも午前10：00～12：00

◇**会場**：無料公開シンポジウム、第３回講座は私学会館（JR・地下鉄市ヶ谷駅下車徒歩３分）、それ以外は森上教育研究所セミナールーム（JR・地下鉄市ヶ谷駅下車徒歩７分）です。

◇**料金**：各回3,000円（税込）※一度申込をされた場合はご返金できません。

◇**お申込み方法**：スキル研究会HP（http://oya-skill.com/）よりお申込み下さい。メールあるいはFAXの場合は、①保護者氏名　②お子様の学年　③郵便番号　④ご住所　⑤お電話／FAX番号／メールアドレス　⑥参加希望回　⑦WEB会員に登録済みか否かを明記の上お申込み下さい。折り返し予約確認書をメールかFAXでお送りいたします。尚、２～３日してもご連絡がない場合はお手数ですが電話03-3264-1271までお問合せ下さい。申込〆切日16時までにお申込み下さい。また、**お電話での申込みはご遠慮下さい。尚、本研究会は塾の関係者の方のご参加をお断りしております。**

お電話での申込みはご遠慮下さい

お問い合わせ　：森上教育研究所　メール：ent@morigami.co.jp　FAX:03-3264-1275

学校情報を1度にゲット！合同説明会

2012年 9月1日(土)～10月31日(水)

●…男子校　○…女子校
◎…共学校　□…別学校

2012千葉県私学フェア

幕張メッセ国際会議場 10:00～16:00

2012 9/23(日)

参加予定校
千葉県内の全私立中学・高等学校

お問い合わせ
千葉県私立中学高等学校協会　☎043-241-7382

私立中高相談会2012

2012 9/30(日)
町田会場 ホテル・ザ・エルシィ町田
10:30～16:00

2012 10/8(祝月)
横浜会場 パシフィコ横浜・アネックスホール
10:30～16:00

2012 10/14(日)
小田原会場 川東タウンセンター マロニエ
10:30～16:00

参加予定校
ホームページ等でご確認ください。

お問い合わせ
かながわ民間教育協会 ☎045-364-3319

第13回 湘南私学進学相談会

藤沢産業センター 6F・8F 10:00～15:30

2012 10/20(土)

参加予定校
◎アレセイア湘南　●鎌倉学園　○鎌倉女子大学
○北鎌倉女子学園　○聖和学院　◎相洋
●藤嶺学園藤沢　◎日本大学藤沢　◎山手学院

お問い合わせ
湘南私学進学相談会事務局　☎0466-86-0829

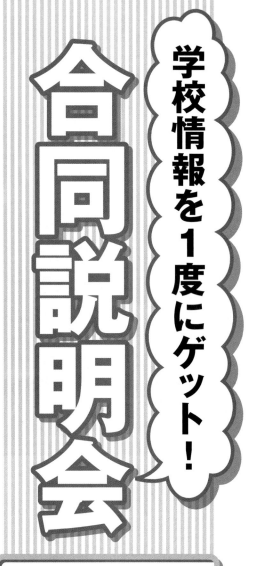

2012東京私立中学・高等学校池袋進学相談会

池袋サンシャインシティ 9:30〜17:00

2011 10/21（日）

参加予定校
ホームページ等でご確認ください

お問い合わせ
東京都私立中学高等学校協会　☎03-3263-0543

都立高等学校等合同学校説明会

東京都立晴海総合高等学校 未定

2012 10/28（日）

参加予定校
未定

お問い合わせ
教育庁都立学校教育部高等学校教育課
☎03-5320-6742

都立高等学校等合同学校説明会

東京都立新宿高等学校 未定

2012 11/4（日）

参加予定校
未定

お問い合わせ
教育庁都立学校教育部高等学校教育課
☎03-5320-6742

都立高等学校等合同学校説明会

東京都立立川高等学校 未定

2012 11/11（日）

参加予定校
未定

お問い合わせ
教育庁都立学校教育部高等学校教育課
☎03-5320-6742

※掲載された内容は変更になることがございます。必ず各主催者にお問い合わせのうえ、お出かけください。

早稲田アカデミー
理科実験教室責任者 山﨑明久の
子どもたちに対する思いにせまる

私の原点

実験を通して子供達に感動を与え、たくさんの笑顔に接したい

母親が中学校で理科の教員をしていたこともあり、自宅には理科の参考書等がたくさんありました。私が小学生だった頃はカラー写真が使われている書籍はまだ珍しかったこともあり、色鮮やかな写真がずらりと並ぶ「理科の資料集」は、他のどんなものよりも強く私の心を掴みました。実際、何時間も飽きずに眺めていたものです。

私も予習シリーズで学習していましたが、そこに掲載されていた実験は可能な限り自分自身でもやってみました。父親が薬局を経営していたため、実験に必要な薬品を手に入れられるという、今思えば贅沢な環境だったことも幸いし、早い段階から理科を楽しむことができていたのです。そして今、私も母親と同じく、子供達に理科を教える立場に身を置いています。

ただ、残念なことですが、近年では小学校の授業において、リスクの関係から実験を行う機会が少なくなっているようです。その結果、子供達が理科を楽しむことができなくなり、深刻な理系離れに繋がっていると思われます。

早稲アカ理科実験教室のプログラムは、成績UPを目的として中学受験で出題されやすい実験を中心に作成されていますが、私が特にこだわっていることは〝感動〟です。毎回、子供達から歓声が上がることを楽しみにしています。「実験を通して子供達に〝感動〟を与え、たくさんの笑顔に接したい」この思いが、私を支える原点になっています。

「早稲アカ理科実験教室での実験がそのまま入試に出ました!」という声も聞いていますが、それ以上に「理科が大好きになりました!」という声が何よりも嬉しいです。今春、御三家中学に合格していった卒業生達が、水溶液の鮮やかな色の変化はもちろん、アンモニアの刺激臭までとても印象に残っているという話をしてくれました。「通常の授業では経験させることができない〝感動〟を与えることができる」ということもやりがいになっています。

さらに、理科実験教室で習得する問題発見能力や問題解決能力は、難関中学合格への道を切り開くことでしょう。そして、将来、日本を牽引するリーダの育成にもつながると確信しています。

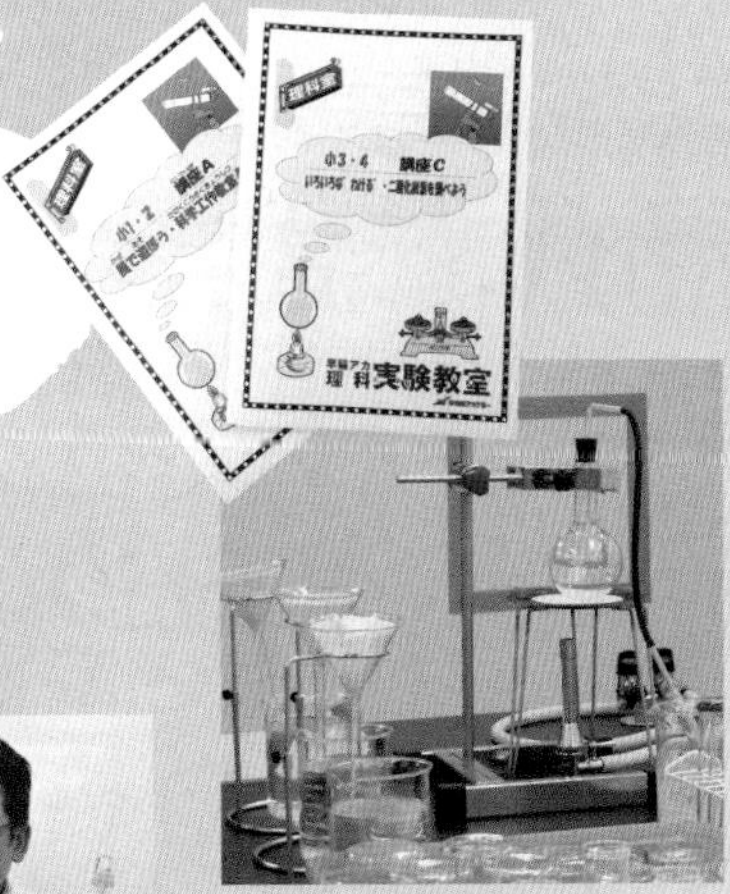

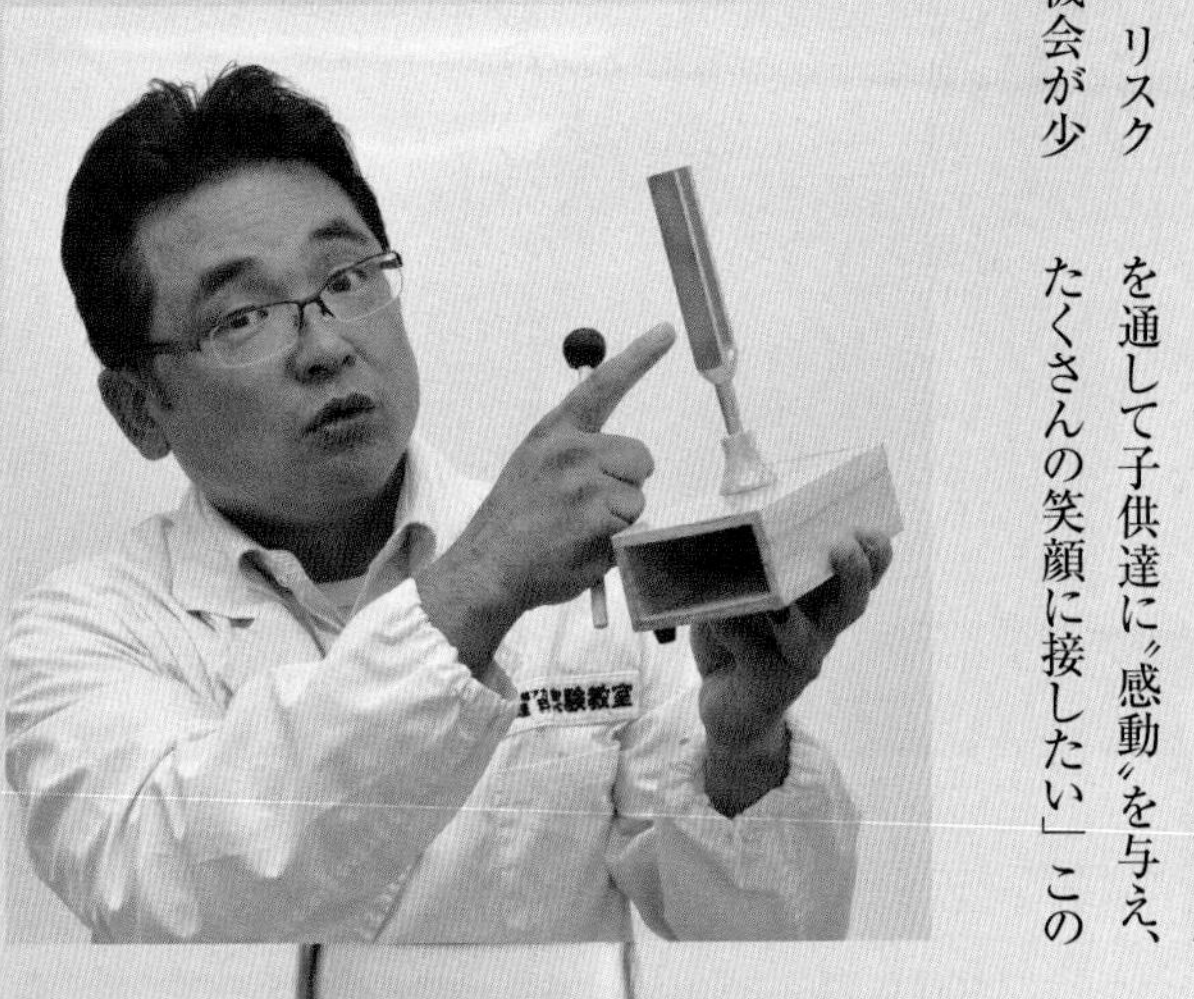

たくさんの感動があふれる実験室

早稲アカ 理科 実験教室
早稲田アカデミー

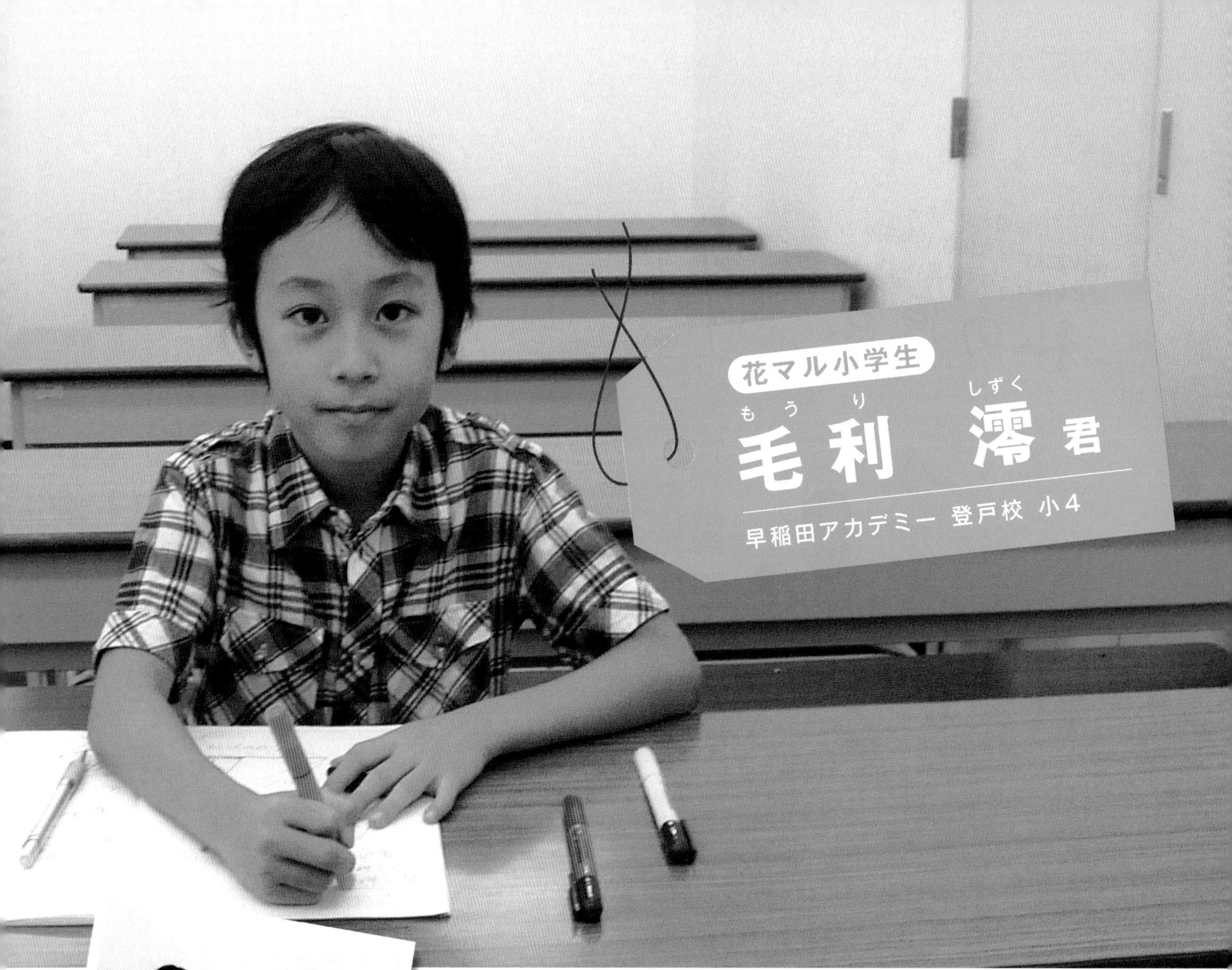

花マル小学生

毛《もう》利《り》 澪《しずく》君

早稲田アカデミー 登戸校 小4

とても仲の良いご家族です

つい花マルをあげたくなってしまうほど頑張っている
小学生を紹介する『花マル小学生』。
今回は毛利澪君とお父様、お母様にお話をうかがいました。
算数の問題を解くことが大好き。
将来の夢は「**数学の研究者になること**」!
得意の算数を武器に、ライバル達と競い合います。

全国統一小学生テストを受け「勉強したい!」と思ったことが入塾のきっかけ

――早稲田アカデミーに通塾を始められたのはいつからですか?

お父様　入塾は、2年生の2月、3年生向けの授業が始まる時です。きっかけは澪が「早稲田アカデミーに行きたい!」と言い出したからです。

お母様　2年生の時に受けた全国統一小学生テストが思ったほど解けなくて、ショックだったようです。でも、返却されたテスト結果を見て、「もっと勉強したい!」と思えたのですから、良いきっかけになったと思っています。

――勉強は家のどこでされていますか?

お母様　妹が遊びに行っている時はリビングやダイニングです。でも、妹が帰ってくると自分の部屋で勉強します。

――得意科目と不得意科目、好きな科目と嫌いな科目を教えてください。

澪君　得意科目と好きな科目は算数で、特に計算が得意です。苦手科目は理科で、嫌いな科目はありません。

お母様　星や植物の名前など、暗記が苦手なようです。でも、社会の用語などは覚えられるので、理科は苦手意識が先に立っているのかもしれません。

――勉強でわからないことが出てきたら、誰に教えてもらいますか?

澪君　お母さんです。ヒントを出してもらっています。

お母様　答えをそのまま教えるのではなく、なるべく自分で考えさせるようにしています。

1週間のスケジュールは YT※教室が中心

――早稲田アカデミーに通って良かったと思うことを教えてもらえますか?

澪君　国語の成績が上がったことです。

――YT教室を受講して良かったと思われることがあれば教えていただけますか?

澪君　毎回の単元がよく理解できるようになりました。

お母様　テスト問題を順番に解くのではなく、「この問題は難しいから後回しにする」など、時間配分が上手くできるようになったようです。また、見直しする習慣が身についたこともYT教室のおかげですね。

――1週間のタイムスケジュールを簡単に教えてもらえますか?

お母様　「必ずYT教室の前に宿題を終える」。これができるように毎日のスケジュールを組み立てています。基本的には「特別な日」を作らず、土日でも平日と同じタイムスケジュールで過ごすようにしています。

――ノートのとり方で工夫していることはありますか?

澪君　後から見直してわかりやすいように書いています。

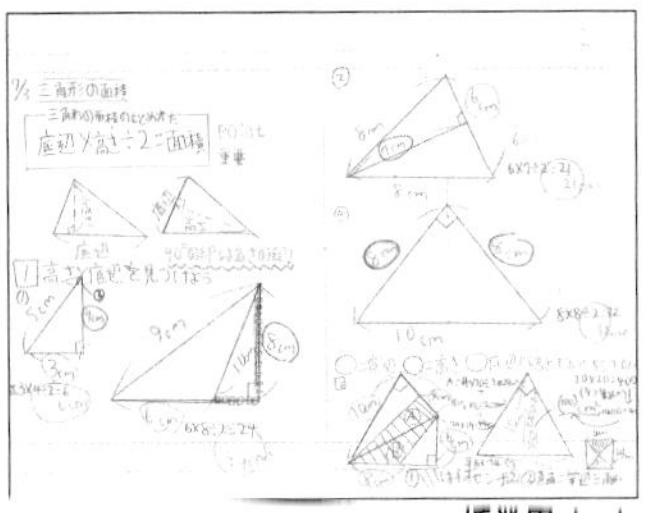

授業用ノート

――テスト前日に必ずしていることは何かありますか?

お母様　算数は苦手な分野の問題を解き直させています。国語は漢字や新しく習ったことの見直しです。

ＹＴ教室の表彰状

――ライバルはいますか?

澪君　いつも週報の上位に名前が載っている人達です。

お母様　いつも成績上位のお子さんが、全国統一小学生テストの決勝大会で、澪がほしかったiPadをもらったと聞き、それからあこがれているようです。

――お父様とお母様の役割を教えていただけますか?

お母様　澪は勉強も好きですが、それと同じくらいにゲームも好きなので、私は「勉強しなさい」と気持ちを切り替えさせる係ですね。

お父様　注意は母親がするので、私はフォロー係です。ただ、ゲームを終える時間や寝る時間を守らなかった時は、母親よりも厳しく叱るようにしています。

――目標はありますか?

澪君　組分けテストの点数で500点を取ることと順位で10番以内に入ることです。

――独自のモチベーションアップ法はありますか?

お母様　「YTテストの算数で5回連続満点を取ったら好きな物を買ってあげる」と約束することで、やる気を出させたことがあります。

読書と ごほうびに買ってもらった iPod touchに夢中です!

――何か習い事をされていますか?

お母様　スイミングです。泳ぎだけはしっかりと基本を習わせたいと考えています。

――何をしている時が一番楽しいですか?

澪君　「マジック・ツリーハウス」を読んでいる時とごほうびで買ってもらったiPod touchで遊んでいる時です。

お母様　「マジック・ツリーハウス」を小学校の図書室から借りて、毎日1冊ずつ読んでいます。iPod touchでは、脳トレのようなパズル系のゲームに夢中ですね。また、パソコンを使って色んなことを調べるのも楽しいようです。

――好きなテレビ番組はありますか?

お母様　テレビ自体あまり見ないので、毎週欠かさず見ているというわけではないですが、日本テレビの「世界一受けたい授業」やテレビ朝日の「Qさま!!」などは好んで見ています。

将来の夢は 数学の研究者になること

――志望校は決まっていますか?

お母様　早稲田アカデミーの先生からは御三家などを勧めていただいていますが、親としては大学附属の早慶を考えています。

――将来、やってみたい仕事はありますか?

澪君　誰も解いたことがない問題を研究する数学の研究者になりたいです。

――澪君にはどんな大人になってほしいと思われますか?

お母様　のびのびと育ってほしいですね。できれば、好きなことに熱中できる人、自分で考えて行動できる人になってほしいと思っています。

お父様　人の顔色を気にしすぎて、できることでもできないように思われることがあるので、その点を克服して自分をアピールできる人間になってもらいたいですね。

※YT教室
四谷大塚が主催するテストで、週ごとに学習した内容の定着度を確認することができる。

1週間のスケジュール表

	月曜日	火曜日	水曜日	木曜日	金曜日	土曜日	日曜日
6：00	朝食	朝食	朝食	朝食	朝食		
7：00	自由時間	自由時間	自由時間	自由時間	自由時間	朝食	朝食
8：00						自由時間	自由時間
9：00						勉強	勉強
10：00						自由時間	自由時間
11：00	学校	学校	学校	学校	学校	勉強	勉強
12：00						昼食	
13：00							
14：00						YT	自由時間
15：00			勉強				
16：00	勉強	勉強	スイミング	勉強	勉強		
17：00	自由時間				自由時間	勉強	勉強
18：00	入浴・夕食	早稲田アカデミー	入浴・夕食	早稲田アカデミー	入浴・夕食	入浴・夕食	入浴・夕食
19：00	勉強		勉強		勉強	自由時間	自由時間
20：00	自由時間	入浴	自由時間	入浴	自由時間		
21：00		自由時間		自由時間			
22：00	就寝	就寝	就寝	就寝	就寝	就寝	就寝
23：00							
24：00							

家庭学習における 毛利家の決まりごと

やるべきことを終わらせたら、あとは自由時間にしています。睡眠を大切にしたいので、寝つきが良くなるように、寝る前は勉強をさせないようにしています。

澪君のオススメ学習グッズ

「テキストサーファーゲル」と「ペンシルフォルダー」

クレヨンのような書き心地です

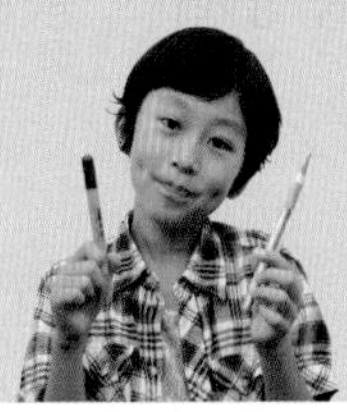

誰もが抱える悩みをパパッと解決！

福田貴一先生の福が来るアドバイス

子どもたちの理解度＝テストの成績ではありません！

早稲田アカデミー
千葉ブロック統括責任者
福田　貴一

中学受験を考えている子どもたちは、月に1回程度、塾での学習内容が定着しているかどうかを確認するテストや実力テストを受けることになります。しかし、これらのテスト結果は、本当の意味での子どもたちの理解度を表しているわけではないようです。そのことを理解したうえで、どうすれば子どもたちがテストで、さらには中学受験で実力が発揮できるようになるのか、このことについて考えてみましょう。

成績はアップダウンするものです！

毎週の単元テストや実力テストの成績で、良いときと悪いときの差が大きいことがよくあります。テストの成績のムラは、誰もが経験することですが、特に小学校低学年から中学年の生徒に関してはその幅が大きく、気にされている保護者の皆様も多いことでしょう。

成績がアップダウンする理由は、大きく分けて四つのことが考えられます。

1つ目は、子どもはインプットした内容をすぐにはアウトプットできないからです。様々な思考方法を学び、経験していくなかで、学習した内容をすぐに使いこなすことができるようになります。しかし、そういった経験が少ない年齢であれば、身につけたことをすぐに使いこなし、問題が解けるわけではないのです。よく、”わかる“と”できる“の違いについての話がありますが、両者の間の距離が大きく離れているのが子どもであり、成長するにともなって（学習経験が増えてくることにともなって）その距離が近くなるとご理解ください。

その距離が近くなっている大人から見ると、中学受験のテキストは考え方が難しいものの、理解してしまえばすぐにできるもののように感じられるはずです。”この解き方がわかっていれば、この問題は解けるはずだ“と考えるでしょう。そして、その問題が解けていない子どもを見て、「わかっていないからできていないのだ」と考えてしまいがちです。しかし、小学校3、4年生がテストで正解できていない原因のほとんどは、”わかっていないから“ではなく、”解ききれていない“のだととらえていただきたいのです。

成績が上下する原因の2つ目として、「そのテストを受けているときの環境」が考えられます。得意な教科で驚くほど悪い点を取ってしまうことがあります。その理由を問いただすと、たとえば国語などでは、「文章が頭に入ってこなかった」というような理由が返ってくることがあります。その理由は、「隣の生徒の動きが気になって」とか「なんだか眠たくて」など、テストの内容そのものとは関係ないケースが多くあります。そんな理由を聞くと、「テストに集中しなさい！」と叱りたくもなりますが、そこが子どもらしい部分でもあるのです。精神的なコンディションをコントロールして、100％の状態で本番に臨むというのは大人でも易しいことではありませんから、試験場の雰囲気や、環境、そして、お子様の精神状態なども、テスト結果に大きく影響を与えることを理解しておいてください。

3つ目の原因は「時間の感覚」です。たとえば、合不合判定テストなどのように、数多くの問題を出すことで問題処理能力や作業処理能力を測るテストの場合、作業処理スピードの速いタイプの子どもは比較的早いうちに高得点が取れるようになります。一方、超難問が解けても作業処理スピードの遅い子どもは、学年が進むにつれて作業処理スピードの差が広がるため、速い子どもに比べると偏差値が下がってしまうことがあります。

そして、最後のひとつが「精神的成長」です。”同学年“と一言で言っても、精神的な成長は一様ではなく、幼い子どももいれば、大人顔負けのませた子どももいます。当然ながら、精神的な成長が早いほど、国語の記述問題などでは有利になるでしょう。たしかに、中学受験そのものでは精神的に幼い子どもの方が不利になりますが、大きな意味で考えると、幼いタイプの子どもの方が中学受験には向いています。「精神的成長」は15、16歳くらいで差がなくなると考えた場合、12歳ではまだ精神的に幼い子どもが、今後どのような環境で成長した方が良いのか―。このようなことを考えると、中学受験をする意味も変わってくると思います。

復習を繰り返すことで定着を促進

四谷大塚主催の「YT教室」は、その週に学習した内容を週末にテストし、さらにテスト当日に解説授業で復習する、この流れで学習を進めています。つまり、子どもたちには、解けた問題、解けなかった問題にかかわらず、全問を当日のうちに理解させるのです。私たちは、この「学習→テスト→復習」の流れこそが、学習内容の定着につながると考えています。

とは言っても、一度振り返ったからといって、すぐに解けるようになるわけではありません。解説授業の後、なんとなく分かったような気になるだけです。しかし、このことを何度も繰り返すうちに、いつか「あっ!」と頭のなかでひらめく瞬間が訪れるはずです。そして、「あっ!」と気づいたそのときこそ、学習した内容が定着した瞬間でもあるのです。

定着させるために欠かせない「頭の中のタンス」

言うまでもありませんが、中学受験を成功させるためには、それまでにインプットした知識を上手にアウトプットできるようにならなければなりません。そのため、5、6年生になれば、もちろんインプット作業も行いますが、アウトプットトレーニングがメインになります。なお、このアウトプットトレーニングとは、頭の中にタンスがあり、その引き出しの中から必要な知識をすばやく取り出す練習を行うようなものです。

5、6年生で引き出しから知識を取り出すトレーニングを行うわけですから、それまでの間に「頭の中のタンス」を作っておかなければなりません。まず、1、2年生では、いろいろな知識をインプットすることで、タンスをどんどん大きく、頑丈にしていきます。そして、3、4年生では「頭の中のタンス」の引き出しをしっかりと形作っていきます。

この3、4年生で作る引き出しは、5、6年生でアウトプットする際にかなり重要になってきます。と言うのも、1、2年生で作る「頭の中のタンス」の大きさや容量に個人差はさほどありません。しかし、3、4年生での努力が足らず、引き出しがひとつしかできなかった場合、そこに遊びも勉強も何もかも詰め込むことになるので、5、6年生でアウトプットしようとしても、スムーズに必要な知識を取り出せなくなるのです。そうならないためには、算数や国語など、教科ごとの引き出しはもちろんのこと、算数であれば数量、図形、数列などのように、分野ごとにも整理したいものです。まさに洋服タンスと同じですね。

「頭の中のタンス」を作るための学習

では、どのようにすれば引き出しや仕切りを増やすことができるのでしょうか。漢字の練習を例にとって考えてみましょう。

漢字練習は、1年生のときから新しい漢字を習うごとに行わせるものです。しかし、6年生になれば、仮に漢字練習をしてこなかったとしても、習った漢字はいつの間にか読み書きできるようになっているはずです。それにもかかわらず、低学年の頃から漢字練習をさせるのは、何度も練習することで自分なりの暗記方法を見つけるためなのです。この「自分なりの暗記方法を見つける」ことも、「頭の中のタンス」の引き出し、仕切りだと考えれば、3、4年生ですべきことが分かっていただけると思います。

そして、この「頭の中のタンス」の引き出しや仕切り作りこそが、成績がアップダウンする1つ目の原因（アウトプットするときに邪魔になる壁）を取り除くための学習です。残りの「環境」「時間の感覚」「精神的成長」は子どもならではの特性や特徴ですが、「頭の中のタンス」に引き出しをたくさん作ることは、いつでも、誰でもすることができます。成績を少しでも安定させるためにも、そして、中学受験を成功させるためにも、アウトプットがスムーズにできる「頭の中のタンス」作りを、まずは促してみましょう。

JOHOKU
JOHOKU GAKUEN

私学特派員レポート vol.37

IN 城北中学校

男子校

生徒一人ひとりを大切にしながら、高い知性と創造力、社会性を兼ね備えた、未来を担う見識ある人間の育成を目指します。

ほとんどの生徒が部活動に所属していて、放課後、練習に励みます。ぼくは野球部で活動しています。

部活動の様子

誰でも自由に使うことのできる卓球場です。部活が休みの日など、ここで体を動かします。

大坪君お気に入りの卓球場

早稲田アカデミー蕨校の卒業生で、現在、城北中学校１年生の大坪輝君に学校を紹介してもらいました。

体育館

早稲アカOB

大坪君に
３つの質問

理科室

社会性を身につけ、正しき道理を実践でき、創造力豊かな人物の育成を目指し、「着実・勤勉・自主」を校訓としている城北中学校。クラブ活動や委員会活動にも力を入れ、体力の向上や社会性の養成にふさわしい場として、勉強との両立を推奨しています。充実した施設を活用し、陸上部・野球部・水泳部・弓道部をはじめ、数々のクラブが輝かしい実績を誇っています。特に水泳部は、毎年、国体東京代表選手を輩出していることで有名です。

Q 志望理由を教えてください。

A 活発で元気な生徒の多い、明るい雰囲気が気に入ったからです。

Q 入学後、どんなところに自分の成長を感じますか?

A 小学生の頃はあまり意識していませんでしたが、先生や先輩方へのあいさつなど、礼儀作法を意識して実践できるようになったと思います。

Q 城北中学校を目指す生徒へメッセージをお願いします。

A 国語であれば漢字などの知識、算数であれば前半の基本問題で失点をしないことが大切です。どの科目も基礎・基本を大切にした勉強を行い、合格を勝ち取ってください。

Campus Life

広々としたグラウンド

受験生へのメッセージ

中学一年担当
伊吹 四郎先生

難問・奇問を出題することはほとんどありませんから、基礎・基本を重視した学習を心がけてください。過去の入試問題を分析し、演習と復習を繰り返すことで、合格へと近づくことができるはずです。第1回目入試から第3回目入試まで、全ての問題に取り組むことをオススメします。

蔵書数が５万９千冊の図書館

弓道場の様子

創立50周年を記念して建設された最新の校舎には、充実した学習・スポーツ・文化施設が整備されています。都内の学校とは思えないほど広いグラウンドは、生徒から１番人気です。

SCHOOL DATA

〒174-8711 東京都板橋区東新町2-28-1
東武東上線「上板橋駅」徒歩10分、
東京メトロ「小竹向原駅」徒歩20分
http://www.johoku.ac.jp/

● 著名な卒業生
増保　輝則（元ラグビー日本代表）
辻　よしなり（フリーアナウンサー）

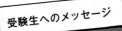

生　掲示板

帰国生を積極的に受け入れている学校紹介など、帰国後の入試や学習に関する情報を発信します！

帰国生受入れ校訪問記　立教池袋中学校

立教池袋中学校は「キリスト教に基づく人間教育」を目標としています。この教育目標を達成するために「テーマを持って真理を探究する力」と「共に生きる力」という2つテーマを掲げて教育を行っています。具体的なプログラムとして、英語圏の帰国生など英語が得意な生徒を対象にして高度な英語教育も行っています。実際に帰国生への英語指導も担当している広報室長の初瀬川先生にインタビューしました。

立教池袋中学校

（東京都/私立/男子校）

立教中学校の始まりは明治時代の1896年に遡ります。現在では中高一貫教育を超えて大学までの期間10年を見据えた育成の仕組みを構築しています。

〒171-0021
東京都豊島区西池袋5-16-5
（JR線 池袋駅　徒歩10分）
TEL　03-3985-2707
URL　http://ikebukuro.rikkyo.ac.jp/

帰国生受入れの歴史

壹岐　1987年から帰国生入試を開始していますが、帰国生を受け入れている趣旨をお教えください。

初瀬川先生　帰国生を受け入れる趣旨は2つあります。1つは、海外から戻ってくる生徒を受け入れることは、学校の社会的使命だと認識しているからです。海外で様々な体験をして帰国した生徒達のために、日本の学校に入学した後の学習環境を整える必要がある、と考えています。もう1つは、多様な個性をもった生徒たちを育てたいということです。本校は生徒を個人として尊重した上で教育を行ってきました。そこに、日本国内で育った生徒とは異なった体験をした帰国生が入ってくることは、より多様な個性が交じり合うことになります。この2つが帰国生を受け入れる趣旨です。

帰国生のクラス編成と英語学習

壹岐　帰国生のクラス編成と英語のプログラムについて教えていただけますか。

初瀬川先生　帰国生が本校に入学した場合、帰国生は一般生との混合クラスで学習することになります。もっとも、「Sクラス」という英語の特別プログラムを用意しており、その関係で1クラスだけは、英語圏の帰国生の割合が多くなっています。Sクラスとは、週7時間の英語授業のうちの合計5時間を選抜された生徒対象に行う授業のことです。コミュニケーションという授業の2時間は混合授業になります。Sクラスの内容は初めの授業でペーパーバックなどを読み、次の時間で英語でディスカッションをするとか、英語でレポートを出すということを行うものです。Sクラスは英語力を判定し基準に達した生徒を対象にしています。参加のための試験は、筆記試験と面接試験があります。英語で質疑応答を行いますが、合格の基準としては授業を受けて、それにレスポンスでき、何か英語で書くことができるというレベルが必要条件と考えています。日常会話で少し話せるというのでなく、英語で行う授業に対応できるかどうかをみています。人数制限はなく、選抜試験に合格すればSクラスでの授業を受講できます。

Sクラスの合格基準を英検で説明すると、中1の段階で、2級や準1級持っている生徒がいるので、そのぐらいのところだと思います。資格を有しているかどうかは生徒の育った国・地域によって異なりますが、同程度の力を持っている生徒がほとんどです

帰国入試について

壹岐　帰国入試について教えてください。

初瀬川先生　一般入試とは問題が異なります。難易度は学校の履修内容プラスアルファのレベルです。もっとも、一般入試と比べたら、基礎的な問題が中心です。作文については、日本語の力も見ますが、それ以上に受験生がどんな考え方を持っているのかを見たいのです。私たちが帰国入試で求めているのは当日のテーマに沿って、自分で考えることができ、それを文章で説明できるかどうかということです。自分で考え、そのことを文章にできる能力が必要です。そのため、作文の対策としては、普段から日本の新聞を読んだり、海外生活で身の回りに起こったことに気を配っていくことが必要です。その上でどのような視点で物事を見るのかということを意識し、自分の言葉でまとめる練習をすると良いと思います。面接は個人面接・集団面接ともに日本語で行います。しかし英語圏からの帰国生がいれば英語で質疑応答を行うこともあります。また、英語以外のフランス語やスペイン語や中国語が自分の特徴やアピールしたいことであればそれも可能です。

壹岐　最後に受験生へ一言お願いします。

初瀬川先生　国語と算数は基礎的レベルとそれに若干の応用がこなせるような力を付けることが必要です。本校の帰国生入試の合否は、試験の点数だけでなく他の様々な要素を総合的に考慮し決定されます。例えば、受験の間際まで現地にいた生徒と、帰国してから日本で2年間勉強してきた生徒では、当然試験の点数が違うことが予測されますが、その場合点数のみで選考するということは公平でないと考えています。だから、面接・作文・提出された資料・そしてその受験生のバックグランドまでも含めて、トータルでその受験生を見て合否を判定します。学力だけに拘らず帰国生としての特徴を私たちに見せてほしいのです。

お話　立教池袋中学校　広報室長　初瀬川　正志 先生
取材　早稲田アカデミー　教務部業務2課　壹岐　卓司

帰国生入試情報と合格実績

2013年度　帰国生入試日程と入試結果

募集人数	出願期間	試験日	選考方法	合格発表日
若干名	2012年11月22日 および 2012年11月24日	2012年12月3日	国語（作文含）、算数、 児童面接	2012年12月5日

年度	募集人数	応募者数	受験者数	合格者数
2010	若干名	67名	67名	29名
2011	若干名	75名	75名	31名
2012	若干名	67名	67名	31名

※出願資格などは必ず募集要項や学校のホームページをご確認ください。

2012年度　立教大学への進学状況

学部	進学者数
経済学部	23名
法学部	21名
社会学部	15名
経営学部	14名
その他	30名
合　計	103名

※立教大学への進学状況は全卒業生からのものです。

立教大学以外に東京大学、東京工業大学、早稲田大学、慶應大学への進学実績もあります。

海外・帰国相談室　このページに関する質問はもちろん、海外生・帰国生の学習についてなど、ご不明点などございましたらホームページからお気軽にお問い合わせください。
「トップページ」→「海外・帰国生/地方生」→「資料請求」（自由記入欄に質問内容をご記入ください）

海外の学習体験談や
海外各都市の塾情報など、
海外での学習に役立つような
情報を発信します！

海外生＆帰国

海外でがんばる先生 in シドニー

日本と環境が異なる海外への赴任は、不安がつきものです。今回は、海外の地で長年指導を行っている早稲田アカデミー海外提携塾の先生に取材を行いました。教育者の視点・親の視点から、海外生活やお子様の教育に関してお話しいただきました。

鈴木《すずき》　朗《ろう》先生　香港の学習塾で約9年勤務後、現在はepis Education Centreシドニー教室（早稲田アカデミー提携塾）で子どもたちの学習指導にあたっている。2児（小学5年生と幼稚園）の父でもある。

シドニーってどんな都市？

←オペラハウス

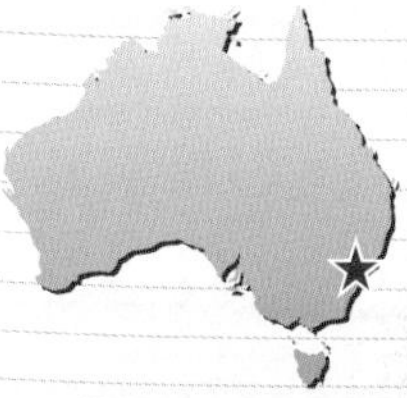

- 国名：オーストラリア
- 公用語：英語
- 人口：約450万人（オーストラリア最大の人口）
- 気候：温帯性気候に属し、日本同様四季があります。南半球のため、季節は日本と逆です。

国際的な観光都市であり、海に臨むオペラハウスなどが有名です。2000年には夏季オリンピックが開催されました。

■住みたかった都市「シドニー」で塾を立ち上げました

16年前から、香港の学習塾で指導をしていた鈴木先生。指導するなかで海外塾のやりがいを感じ、「自分たちなりの理想の学習塾を作ろう」と香港に新たな学習塾epis Education Centre香港教室を立ち上げました。そして２年前、今度はシドニーでの校舎立ち上げに携わることになりました。「学習塾が浸透していない都市であったこと」と、「以前より住みたかった土地であったこと」とが重なり、これらがシドニー移住の決め手になりました。

新たな土地での暮らしは、ご家族の反対もなくスムーズに決まりましたが、お子様の学校選びについては悩まれたこともありました。「現地の学校はどこが良いのか、その土地に行って暮らすまで分からないものです」と、鈴木先生。オーストラリアのような広大な土地においては、学校も広い範囲内で点在しているため、学校を探し選ぶのも大変だそうです。

■「海外でやってきたこと」に自信を持つよう、生徒たちに伝えています

海外の教育機関として、学習塾にも「学校選び」や「進学について」の相談はよくあるそうです。オーストラリアの現地校は、中学・高校がつながっているため、高校受験がありません。そのため、仕事の都合上帰任が決定しても、お子様とお母様のみ現地に残留するケースもあるとか。

一方で、鈴木様の勤めるシドニー教室にも日本での中学受験・高校受験・大学受験を目指す生徒が在籍しています。海外ですから、日本の塾に比べると少人数の環境です。そのために日本での受験生と異なる環境におかれているシドニーの子どもたちのなかには、「日本の子どもたちに、自分はかなわないのではないか」と、自信のない子どももいるそうです。日本には日本の、海外には海外の良さがある ― 海外でやってきたことに自信をもつよう、鈴木先生は日ごろから生徒たちに話をされているそうです。

■「日本人らしさ」を大切にして欲しい ―それが我が子への願いです

生まれてから海外ですくすく成長しているお子様ですが、いずれ来たる大学受験などの進路については、お子様の意志を尊重していこうと鈴木先生は考えています。海外での学校生活をこれからも満喫しつつ、しかし「礼儀正しさなど日本人の良い部分」はきちんと身につけられることを願い、家庭生活の中でも日本人らしさを日々大切にしています。

【鈴木先生からのアドバイス】
シドニーに赴任する場合、「学用品一式」を持参したほうがいいです。「漢字練習ノート」や、算数・数学に利用する「方眼ノート」は、現地では手に入りにくいです。「定規」や「コンパス」についても高くて質が悪いのが現状です。まとめて購入して日本から船便で送ったりする方もいらっしゃいますが、渡航の際に多めに用意するのが良いと思います。

改めて考える 水の不思議と大切さ

最新の映像シアター、体験装置や実験から、水の循環や性質を楽しく学ぶことができる東京都水の科学館。「じゃ口をひねると当たり前のように出てくる水は、どこから来ているのか?」を、分かりやすく科学の視点から紹介する体感型ミュージアムです。

東京都水の科学館

TEL.03-3528-2366
住所／東京都江東区有明3-1-8
開館時間／9:30～17:00
（最終入場は16:30まで）
休館日／月曜日（月曜日が祝日の場合は火曜日が休館日になります）

水の実験ラボ
ハリネズミ実験

ポリ袋に鉛筆をさすとどうなるかわかる人?

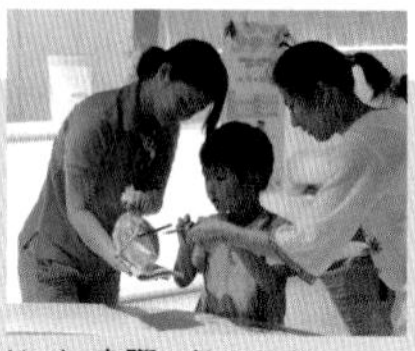
じゃあ、実際にさしてみて。

鉛筆がぶらさがったままで、水はもれてきません。ハリネズミみたいでしょ。

鉛筆をさしても、水がもれない理由は何でしょう?摩擦(まさつ)が関係しているよ。

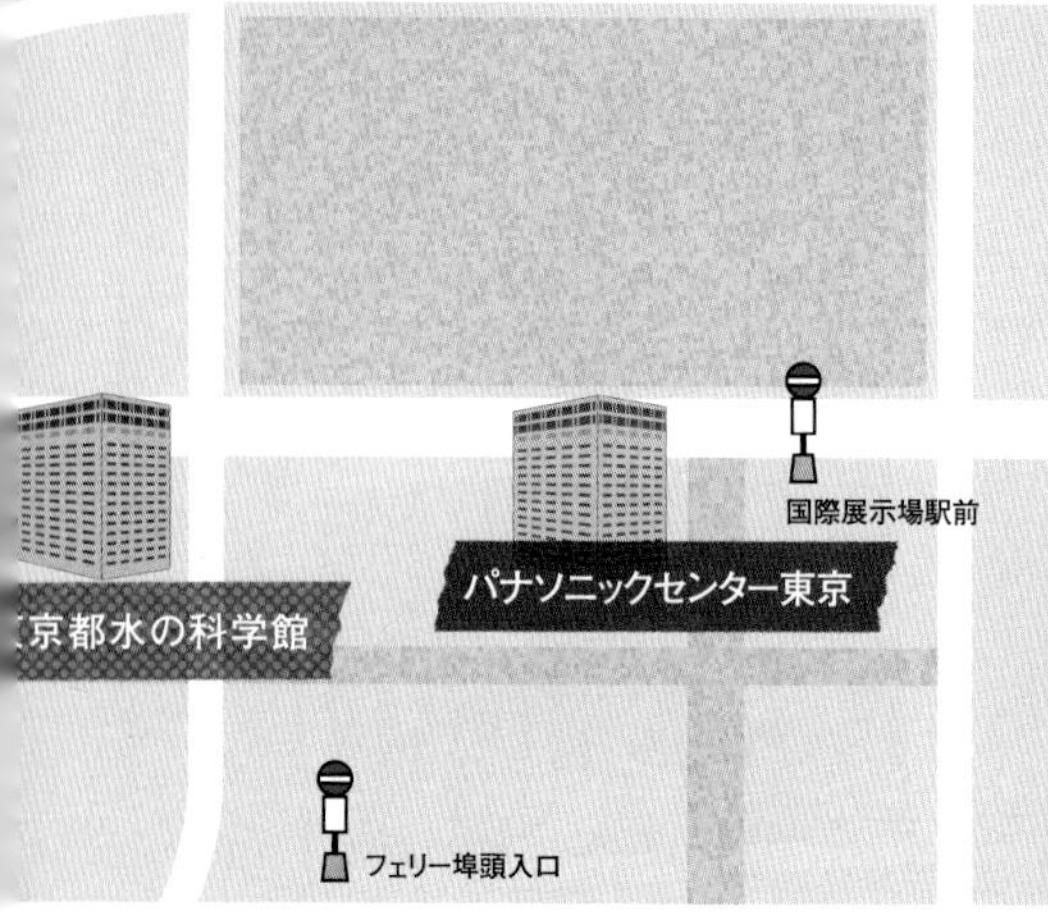

勉強の秋スペシャル

ワンコインでめぐる科学館の旅

都バス
虹01系統

「気をつけて目をこらさないと、思いのほか見えていないものは何でしょう?」

という質問の答えは様々かと思いますが、「自然現象」もひとつの回答だと考えています。

今回は、知的好奇心・自発的学習意欲を育む旅です。

身の回りで起こる自然現象に関心を持ち、

「なぜ?」、「どうして?」と感じる心を大切にしましょう。

身近に潜む算数と理科の面白さ

自然に潜む算数の原理。くらしの中に隠れている理科の法則。パナソニックセンター東京の施設のひとつ「リスーピア」では、身近に潜む高度な理数の内容を、非常に分かりやすく、そして楽しく体験できる展示や仕組みがたくさん設けられています。

パナソニックセンター東京

TEL.03-3599-2600
住所／東京都江東区有明3-5-1
開館時間／10:00～18:00（最終入場は17:00まで。都合により営業時間を変更することがあります）
休館日／月曜日・年末年始（臨時休館になる場合があります）

ディスカバリーフィールドの冒険

楽しそうな展示物がたくさんあるぞ。

円ばんではなく、台の上を流れる数字の中から、素数以外を打ち返す「素数ホッケー」。

打ち出されるボールを、跳ね方を計算しながら、ブロックを使ってゴールにいれよう。

関数の式を操作してシューティングするファンクションシューター。すべてのターゲットを通るグラフはどれだろう?

楽しく学ぶ広大な海と奥深い船のしくみ

映画やテレビドラマの「南極大陸」で、物語に登場する南極観測船「宗谷」が展示されている船の科学館。南極の観察に成功した「宗谷」の見学に加え、MINI展示場の操船シュミレータや海運、造船にまつわる資料から、海と船の知識・歴史を楽しく学ぶことができます。

船の科学館

TEL.03-5500-1111
住所／東京都品川区東八潮3-1
開館時間／10:00〜17:00
休館日／毎週月曜日・年末年始
（月曜日が祝日の場合は火曜日が休館日になります）

実物の宗谷に乗ってみよう！

「オレンジ色」が特徴的な宗谷発見！

ここが入口だね。間近に見ると迫力あるね！

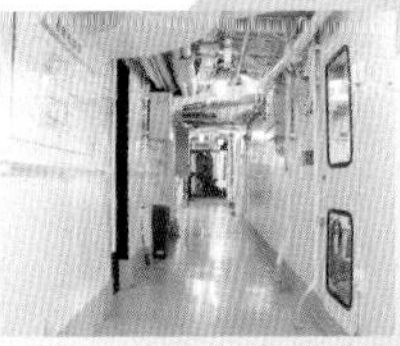

船の中の通路はこんな作りになっているんだね。

船のハンドルと舵輪（だりん）があるぞ！ 宗谷を操縦しているみたいだ！

都バスの一日乗車券でめぐる 科学館の旅プラン

スタート

- 浜松町駅（浜松町バスターミナル）
- 船の科学館駅前
- 1分 日本科学未来館前
- 1分 東京港湾合同庁舎前
- 2分 テレコムセンター駅前
- 4分 パレットタウン前（青梅駅前）
- 3分 フェリー埠頭入口
- 1分 国際展示場正門駅前
- 2分 東京ビッグサイト
- 1分 東京ビッグサイト東棟前
- 1分 癌研有明病院前
- 6分 国際展示場駅前

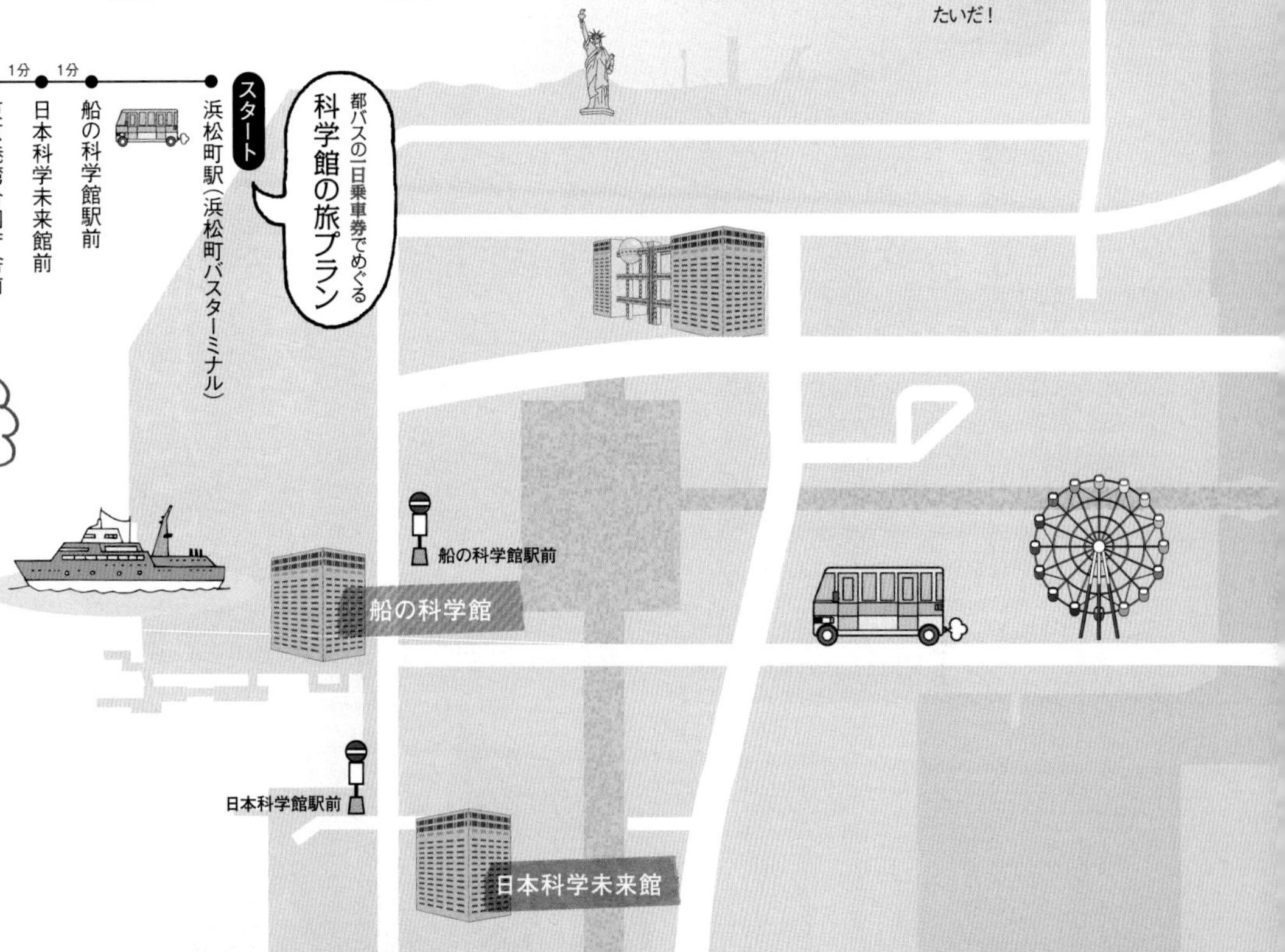

前号のクイズの答え

クイズ①

正解 3. 西郷隆盛
【問題】（前略）、野口英世や、ボードワン博士以外に上野恩賜公園内に建てられている銅像は次のうち誰でしょう？
1. 坂本竜馬、2. ジョン万次郎、3. 西郷隆盛

クイズ②

正解 3. わらじ
【問題】浅草寺の宝蔵門（仁王門）に奉納されている大きなものは次のうちどれでしょう？
1. 凧《たこ》、2. 着物、3. わらじ

共に考える未来社会

宇宙飛行士の毛利衛さんが館長を勤める日本科学未来館。「21世紀の新しい知を分かち合う」をテーマに、宇宙、地球、人間など、様々な角度から先端の科学技術を体感し、未来の社会を考えるサイエンス・ミュージアムです。

日本科学未来館

TEL.03-3570-9151
住所／東京都江東区青海2-3-6
開館時間／10:00〜17:00（最終入館は16:30まで。都合により開館日・時間を変更することがあります）
休館日／毎週火曜日（祝日、春・夏・冬休み期間は火曜日も開館）

ASIMO登場！

世界初の二足歩行ロボット「ASIMO」の登場だ！

わっ、おじぎをしている。ASIMOはあいさつができるんだね。

足元にボールを置き、手をあげたぞ。

すごい！サッカーボールをけることもできるんだね。

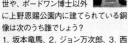

私学の凄腕先生

海陽中等教育学校

中村哲治先生

男子校　愛知県蒲郡市

［数学教諭・学年主任］

〝自分が感動したこと・面白いと感じたことをそのまま伝えたい〟

私は数学を担当していますが、「今、ここ（授業）で何を伝えるか。どのようにこの時間を生徒たちと共有するか」ということをいつも考えつつ、授業を行っています。数学の楽しさを伝えるためには、「自分が感動したこと・面白いと感じたことをそのまま伝える」ことが大切だと思っています。そして、自分も楽しみながら、今後とも指導を続けて行きたいと考えています。

中村先生プロフィール

（なかむら・てつはる）開成中学・高等学校卒業。早稲田大学に一旦は進学するも、再度、東京大学に挑戦し、見事合格を果たす。1980年4月に神奈川県県立高校の数学教諭として採用された後、2009年4月より海陽学園にて勤務。現在、「空手同好会」では日々熱血指導中。趣味はバードウォッチングと自然観察。これらを通じて、ボランティアで自然保護活動を行っている。

同僚の先生から一言

中村先生が以前、中3生対象に行っていた「中3でセンター試験にチャレンジ」という夜間講座がとても印象的です。数学好きな中3生が見せたあの眼の輝き。まさに「現代の寺子屋」そのものに感じました。中村先生は本当に熱血指導の先生です。

充実した広大なキャンパス

空手同好会で熱血指導中

現在、「空手同好会」で指導しています。昨年10月に発足し、今は会員五人で活動中です。日本空手道教育研究会の黒帯ですが、私の流派は空手を教育の一環と位置づける日本で唯一の流派です。流派の流れとしては和道流に近く、師の道原先生は空手の歴史や科学的な研究での第一人者です。前任校では糸洲流の空手を学びました。先に述べた研究会とはまったく違う流派ですが、ここでは組手の面白さも学びました。

趣味と言えるものはバードウォッチング（自然観察）で、どうしてもバードウォッチャーとして見られがちですが、本来は日本自然保護協会の「自然観察指導員」です。自然観察を通じて、ボランティアで自然保護の活動をしています。

本校周辺には海、草原といった2つの環境があり、特にこのような広い草原の環境は貴重です。自然保護は単なる抽象的・観念的な事項ではなく、身の回りの自然を理解して楽しむことから始まることを分かってもらいたくて、年に3～4回程度の自然観察会を開いています。当地は、自然環境がとても豊かであり、観察の対象は鳥が多いですが、それに限らず、植物や虫など様々です。おかげさまで、毎回、順調に参加メンバーも増えています。休日の朝、生徒の輝く目とともに、自然観察することができる楽しさを実感しています。

SCHOOL INFORMATION

次代のリーダーに必要な人間力と基礎学力を養うため、全寮制のもと、6年間に渡る一貫した中等教育を実践。全生徒はハウスと呼ばれる寮で生活し、ここで生活を共にするハウスマスター、フロアマスターからきめ細かい生活のサポートを受ける。また、教員は教室における授業はもちろんのこと、教室外でも積極的に生徒と触れ合いながら指導に当たる。今春、第一期生101名が卒業し、東京大学合格者13名をはじめ、早・慶・上智大57名など、高い合格実績を残した。

海陽学園の数学教育

中学2年生の段階で、中学3年生までの学習内容を終了。本来の11単位（公立中学校における数学カリキュラム）を13単位（中1で6、中2で7）で教えるため、決して速過ぎる進度ではない。むしろ、「できる限り深く」という点に留意して指導している。中学3年生からは8単位で教えるため、演習時間を十分に確保することができる。これが一番大きなメリットだが、加えて全寮制のため、夜学などで補習や講座を実施することが可能である。

ぱぱまま掲示板

サクセス12の読者が作る「ぱぱまま掲示板」。
みなさまからいただいた投稿・アンケートをもとにしてお届けいたします。

夏休みはいかがお過ごしでしたか?
お子様と遠出をしたり、勉強に協力したり、
花火大会や夏祭に行ったりと、
今では様々な経験が
フラッシュバックされたのではないでしょうか?
今回は、先月号で応募した
「夏休みの自由作文」をご紹介いたします。
皆様から届いた熱いメッセージから
夏休みを振り返ってみてはいかがでしょうか?

我が子は○○で成績を向上させる!

国語担当の先生との約束。ひとつ目は、忘れ物をなくすこと。ふたつ目は、テストの答案に白紙部分を絶対に作らないこと。得意になりつつある国語の成績を上げることを夏期以降の目標にしています。(日々の算数さん)

我が家の節電対策

今年は四角豆でエコカーテン!電気と食費Wエコにと子供と一緒に植えました。不思議と芽が出てこないのでよ~く見てみたらダンゴ虫が種を集団で食べていました。ダンゴ虫って豆食べるの!?と家族でびっくり。夏本番に間に合わないかもしれません。(健康第一さん)

親子で取り組む!夏休みの目標!!

息子はまだ三年生なので、夏休みは、親子で体で学ぶ学習をしようと思っています。電気のないテントでの生活をしてみたり、海に山にと遊びに行って、見つけた虫や植物を図鑑で調べることをしたりと、五感を使った体験を存分にしてみたいと思います。(マキママさん)

募集中

2択クエスチョン

わが子の新学期

2学期が始まりました。お子様の様子に変化はありますか?下記の質問をFAX送信用紙にてご回答いただき、お子様の現状をぜひお聞かせください。

Q❶ この夏は、事前に立てた計画表通りに過ごすことができた。

☐ Yes ☐ No

Q❷ 2学期の学習目標をお子様と相談して決めている。

☐ Yes ☐ No

Q❸ この秋、お子様と一緒に中学校の体育祭や文化祭に行ってみようと思う。

☐ Yes ☐ No

読書の秋

募集中

私がススメるこの秋の一冊

今回は、子どもたちに読ませたい本を大募集!理由も添えてFAX送信用紙にご記入ください。
みなさまから教えていただけるオススメ本を、楽しみにしています。

募集中

あなたもサクセス12に登場してみませんか?

お子様が普段勉強されているお部屋を写真でご紹介ください。ご応募お待ちしております。

宛先　〒171-0014 東京都豊島区池袋2-61-1 大宗池袋ビル
早稲田アカデミー本社教務部『サクセス12』編集室
メール:success12@g-ap.com

サクセス 12 ホームページでも受付中! http://success.waseda-ac.net

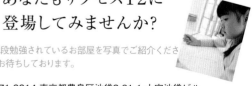

親子で挑戦！

チャレンジクイズ

木星・地球・金星・土星の特徴は、それぞれ何でしょう。空白部分 ? に1～3（右図）のどれをあてはめれば、正しい組み合わせになるでしょうか。

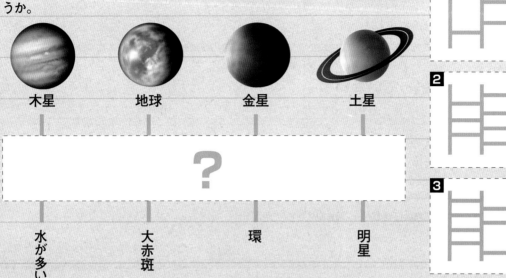

木星

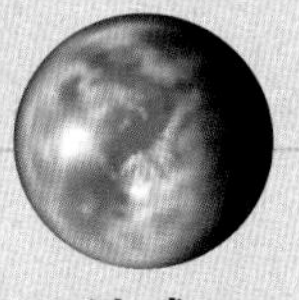

地球

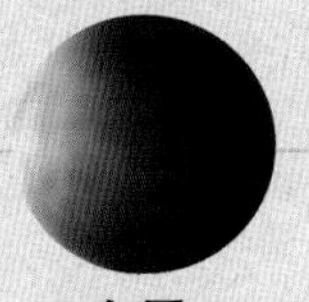

金星

土星

?

水が多い　大赤斑　環　明星

1

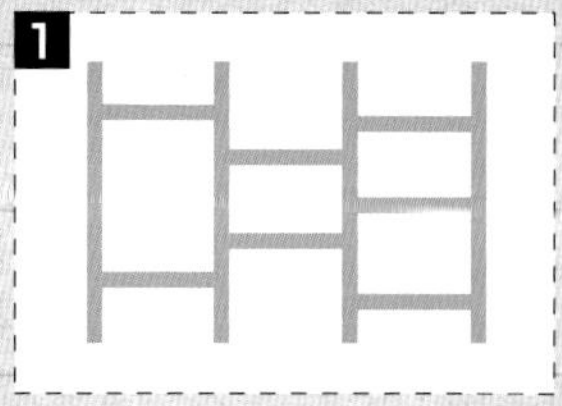

2

3

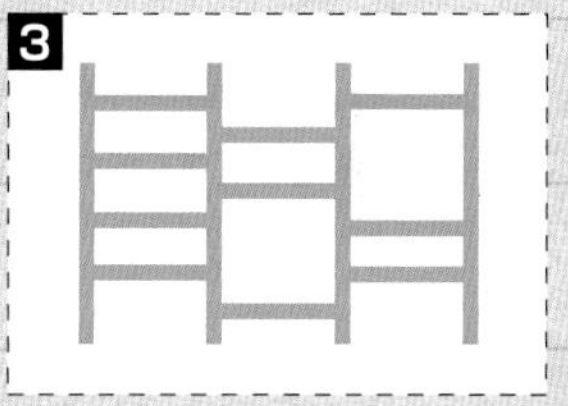

応募方法

FAX（裏面）でお送りください。

メール・ハガキ・封書でも受け付けております。

※投稿で実名の掲載をご希望されない場合は、ペンネームを必ずお書きください。
※お送りいただいた写真、作品は返却できませんので、ご了承ください。
※投稿作品の発表や出版に関する権利は、早稲田アカデミーに帰属するものとします。
※掲載にあたり、一部文章を編集させていただくことがございます。

【応募〆切】
2012年10月6日（土）必着

【宛先】
〒171-0014　東京都豊島区池袋2-61-1 大宗池袋ビル
早稲田アカデミー本社教務部『サクセス12』編集室
FAX：03-5950-4912
メール：success12@g-ap.com

プレゼント

正解者の中から
以下の賞品をプレゼント!!

A賞　食欲の秋に！
調理器具セット　1名

B賞　勉強の秋に！
文具セット　2名

C賞　これで苦手科目を克服！
学習マンガセット　2名

当選者の発表はプレゼントの発送をもって代えさせていただきます。

●7・8月号正解／1

サクセス12　9・10月号　vol.38

編集長
喜多　利文

編集スタッフ
春山　隆志
眞木　貴也
太田　淳
生沼　徹
茂木　美穂
鹿島　綾乃

企画・編集・制作
株式会社 早稲田アカデミー
〒171-0014 東京都豊島区池袋2-53-7
TEL.03-5954-1731　FAX.03-5950-4912
サクセス12編集室（早稲田アカデミー内）

編集後記

長かった夏休みも終わりを告げようとしています。受験生の皆さんはこれから入試本番を迎えるまでの期間で、思わぬ壁にぶつかったり、思うように学習が進まずに悩むこともあるかとは思います。そんな時は、この夏休みにがんばったことやそこで得られた達成感を思い出してください。そして、自分で掲げた目標を途中で見失うことなく、毎日コツコツと地道に学習を進めていきましょう。前向きな努力を積み重ねていくことこそが、合格へとつながる確固たる道を築き上げるのです。

あるスポーツ選手が言いました。「一流の選手は同じミスを繰り返さない、二度同じミスをしたら二流だ」と。同じミスを繰り返さないことが、きっと成績向上にもつながるはずです。（春山）

FAX送信用紙

チャレンジクイズの答え

希望商品(いずれかを選んで○をしてください)

A ・ B ・ C

氏名(保護者様)

(ペンネーム)

氏名(お子様)

(ペンネーム)

学年

現在、塾に

通っている ・ 通っていない

通っている場合

塾名

(校舎名)

住所 (〒 -)

電話番号

( )

面白かった記事を教えてください(記事の最初のページ数を記入してください)

(ページ) (ページ) (ページ)

2択クエスチョン

わが子の新学期

2学期が始まりました。お子様の様子に変化はありますか?下記の質問にご回答いただき、お子様の現状をぜひお聞かせください。

Q❶ この夏は、事前に立てた計画表通りに過ごすことができた。

☐ Yes ☐ No

Q❷ 2学期の学習目標をお子様と相談して決めている。

☐ Yes ☐ No

Q❸ この秋、お子様と一緒に中学校の体育祭や文化祭に行ってみようと思う。

☐ Yes ☐ No

読書の秋

私がススメる この秋の一冊

書籍名

理由

FAX.03-5950-4912 FAX番号をお間違えのないようお確かめください

サクセス12の感想・ぱぱまま掲示板への投稿

中学受験 サクセス12 9・10月号2012

発行/2012年8月31日 初版第一刷発行 発行所/(株)グローバル教育出版 〒101-0047 東京都千代田区内神田2-4-2 編集/サクセス編集室 電話03-5939-7928 FAX03-5939-6014